有教无类与因材施教
——瑞士双轨制职业教育体系

《Bildung für Jeden》,《Jedem seine Bildung》
— Das duale Berufsbildungssystem der Schweiz

[瑞士]鲁道夫·H·施特拉姆(Rudolf H. Strahm)
[瑞士]尤格·施耐德(Jürg Schneider) 编著
[瑞士]埃里克·斯瓦尔斯(Erik Swars)

蒋于凡 赵英博 译

北京航空航天大学出版社

图书在版编目(CIP)数据

有教无类与因材施教 ：瑞士双轨制职业教育体系 / （瑞士）鲁道夫 · H. 施特拉姆，（瑞士）尤格 · 施耐德，（瑞士）埃里克 · 斯瓦尔斯编著 ；蒋于凡，赵英博译. -- 北京 ：北京航空航天大学出版社，2022.1

ISBN 978-7-5124-3736-4

Ⅰ. ①有… Ⅱ. ①鲁… ②尤… ③埃… ④蒋… ⑤赵… Ⅲ. ①职业教育－教育体系－研究－瑞士 Ⅳ. ①G719.522

中国版本图书馆 CIP 数据核字(2022)第 014266 号

北京市版权局著作合同登记 图字：01-2021-7454 号

有教无类与因材施教——瑞士双轨制职业教育体系

《Bildung für Jeden》,《Jedem seine Bildung》—Das duale Berufsbildungssystem der Schweiz

[瑞士] 鲁道夫 · H · 施特拉姆(Rudolf H. Strahm)
[瑞士] 尤格 · 施耐德(Jürg Schneider) 编著
[瑞士] 埃里克 · 斯瓦尔斯(Erik Swars)

蒋于凡 赵英博 译

策划编辑 董宜斌 责任编辑 张 凌

*

北京航空航天大学出版社出版发行

北京市海淀区学院路 37 号(邮编 100191) http://www.buaapress.com.cn

发行部电话:(010)82317024 传真:(010)82328026

读者信箱: copyrights@buaacm.com.cn 邮购电话:(010)82316936

天津画中画印刷有限公司印装 各地新华书店经销

*

开本:710×1 000 1/16 印张:8 字数:115 千字

2022 年 3 月第 1 版 2022 年 3 月第 1 次印刷

ISBN 978-7-5124-3736-4 定价:69.00 元

若本书有倒页、脱页、缺页等印装质量问题,请与本社发行部联系调换。联系电话:(010)82317024

目　录

瑞士联邦委员会序言 …… i

出版者的话 …… iii

译者序 …… vii

第一章　为什么职业教育更具优势? …… 1

第二章　创新中的世界：各国职业教育与经济绩效 …… 17

第三章　瑞士职业教育体系：无后续就业或学业，就没有毕业 …… 33

第四章　高等教育阶段——高等专业职业教育与应用科学大学 …… 61

（一）高等职业教育 …… 66

一、联邦职业考试(BP)与联邦高等专业考试(HFP) …… 67

二、高等专科学校(HF) …… 71

三、高等职业教育课程的三个实例 …… 73

（二）应用科学大学 …… 76

应用科学大学毕业一年后的就业情况 …… 83

第五章　瑞士职业教育体系的持续发展——来自国家及国际视角的观察 …… 87

（一）瑞士联邦职业教育培训学院(SFIVET)的职责 …… 88

（二）瑞士职业教育的教师及培训师教育 …… 90

一、职业教育教师及培训师教育的主要方向 …… 90

二、核心课程大纲及主要内容 …… 93

三、瑞士联邦职业教育培训学院教师及培训师教学方法 …… 95

（三）国际合作 …… 100

瑞士联邦职业教育与培训学院教授知识技能可持续的模式 …… 103

数据来源介绍 …… 105

出版者后记一 …… 107

出版者后记二 …… 109

作者简介 …… 110

图片索引

第一章　为什么职业教育更具优势?

不同教育体系的欧洲国家的青年人失业率 …… 2

实行职业教育的国家成年人失业率较低 …… 3

无职业教育学历者的失业率无论在何种经济状况下都较高 …… 4

缺乏职业教育是贫困风险的头号因素 …… 5

广泛推广职业教育可保持中产阶级收入长期稳定 …… 6

瑞士专业人才在全球名列前茅——在欧洲最强,中国人曾排名世界第一 …… 7

全球经理人认为专业人才是最重要的区位优势因素 …… 8

推行职业教育的国家人均工业产值名列前茅(西欧) …… 9

欧洲推行职业教育的国家最具出口能力 …… 10

尽管是高薪国家,但因其高质量产品及服务,瑞士每年均可实现贸易顺差 …… 12

瑞士竞争力排名全球领先 …… 14

瑞士的财富不仅来自于银行业 …… 15

第二章　创新中的世界:各国职业教育与经济绩效

由于高校教育与双轨制职业教育相结合,瑞士在全球人才排名中名列前茅 …… 18

职业教育国家在创新领域也名列前茅 …… 20

生产工艺效率最高的国家 …… 21

员工资质是中小企业最重要的成功因素 …… 22

矛盾的瑞士:尽管高校入学率低,但在企业创新能力方面名列前茅 …… 23

缺少职业教育并缺乏应用技能的国家遭遇更强的工业衰退 …… 25

对创新市场成功起决定性作用的是专业人才的应用能力 …… 27

职业教育对基于知识的行业也是有益的 …… 29

高科技国家即便薪酬高也具有国际竞争力 …… 30

结构变化:成长的行业与消失的行业 …… 31

创新及结构变革要求人们终身学习及学习新行业知识 …… 32

第三章　瑞士职业教育体系:无后续就业或学业,就没有毕业

瑞士教育体系全景:无后续就业或学业,就没有毕业! …… 34

瑞士教育系统:无后续就业或学业,就没有毕业 …… 35

瑞士教育体系：超过90%的人获得学历 …… 37
谁对“普通高中还是学徒职教”的决定影响力最大 …… 38
学徒岗位寻找者需要提交多份申请 …… 39
职业教育培训的重要参与者 …… 40
三分之二的学徒岗位都是由中小企业提供的 …… 41
学徒培训提供密度按职业与行业各不相同 …… 42
培训过程中学徒实际已偿付部分培训成本 …… 43
学徒企业的收益/成本比按行业与职业各不相同 …… 44
学徒培训结束五年后的职业生涯变迁 …… 46
四分之一的学徒培训毕业者取得职业高中会考BM附加资质 …… 48
高等职业教育培养中级管理干部并保障技术传播 …… 49
职业教育培训学历与大学教育学历等价，但更加面向实际（“专业学士”） …… 50
高等职业教育毕业人才在工商企业最受欢迎 …… 52
学徒培训毕业者完成高等职业教育或应用科学大学学业后失业率最低 …… 53
得益于学徒期间的职业实践，应用科学大学毕业生能更快地找到固定职位并通常能做到管理岗位 …… 54
通过职业教育参加工作的方式将来也还会是一种主要方式 …… 56
职业教育的声誉：培训者光荣！接受培训者也光荣！ …… 58

第四章 高等教育阶段——高等专业职业教育与应用科学大学

瑞士高等教育阶段概览，包括其入学学历与各类横向通道 …… 62
高校入学情况，高中会考毕业生占比 …… 64
高等职业教育按学业类型分类的不同学历的发展状况 …… 65
按职业分类的联邦专业证书获得者 …… 68
按职业分类的联邦文凭获得者 …… 69
按职业分类的高等专科学校文凭获得者 …… 72
瑞士应用科学大学的位置与规模 …… 77
学士课程入学者高中阶段的学历类型 …… 78
应用科学大学/师范学院学业完成率 …… 81
应用科学大学毕业生就业率、职业与学业相符程度评估及工作满意度，毕业生自我评估值，2015年数据 …… 82

第五章 瑞士职业教育体系的持续发展——来自国家及国际视角的观察

瑞士职业教育体系培训课程的开发 …… 98

瑞士联邦委员会序言

2020年是中瑞两国建交70周年。我很高兴看到两国已经建立了密切的联系，最高级别的定期互访表明了这一点。两国在许多领域都进行了对话，教育——尤其是职业教育——是其中一个重要的领域。两国2014年就已经成立了一个专门的工作组，以交流有关教育问题的信息与经验。联合出版此书的瑞士联邦职业教育与培训学院和瑞士西北应用科学与艺术大学是在瑞士进行此项交流的最重要联系点。经常有人问我，瑞士创新力很强，青年失业率较低，其原因是什么，职业教育当然可被视为重要因素。瑞士拥有的完善的职业教育体系，不仅为企业及国家带来了很多好处，更对年轻人具有吸引力和充实作用，使他们能在各自行业取得最佳成绩。

三分之二的瑞士年轻人在义务教育结束后接受基础职业教育并由此打下坚实的职业工作基础。为此有240个职业供他们选择。基础职业教育具有很强的就业市场导向，是终身学习的基础，并为年轻人开启了多种就业可能性的大门。瑞士教育体系的特点是其具有很强的相互渗透性，要旨是“如果没有后续就业或学业，就没有毕业”。高等职业教育及应用科学大学在此起到了关键作用，使就职人员有机会继续深造。瑞士联邦职业教育与培训学院则是全瑞士职业教育的权威机构。

瑞士的职业教育与培训系统以理论与实践之间的双轨制为基础。职业学校预先向学生传授理论知识，而企业的日常工作使学生很早就可获得大量实践经验。我们看到，中国也在按照这一模式改革教育培训机制。

中瑞两国在很多领域可以相互学习，我非常高兴看到中国与瑞士的不同机构之间在职业教育领域进一步加强合作与积极的交流。

盖·帕默兰(Guy Parmelin)

瑞士联邦委员(2021年瑞士联邦主席)暨联邦经济、教育与科研部部长

2020年5月

出版者的话

“有教无类”与“因材施教”是流传两千多年的孔子的教育理念，表达了中国这位哲学与教育先贤的理想，即教育应是全民共享而非某些特权阶层专享的权利。基于此，孔子在教学时会照顾每个学生自身的天赋秉性，使每个学生都能从教学中最大限度地受益并发挥自己的潜能。古往今来，不仅是中国的教育家们致力于这一理想的实现，全球的教育界人士也都在追求这一目标。如果说两千年后远在西方的瑞士能够非常接近这一理想，则是因为——如本书将详细阐述的——该国拥有成功的双轨制职业教育体系。这是结合了企业内学徒培训与职业学校理论课程学习的教育方式——公私合作关系的一个典型实例。

教育与培训培养的既包括学术型人才，也包括实践技能型人才。每个人都应有选择适合自己教育途径的机会，且不会因为出身及教育背景而受到排斥。无论是学徒制还是全日制学校，每种教育途径都要满足个人的需求与期望，并可以最大限度地开发潜能。但是，这些需求与愿望可能会随着时间的推移而有所改变，适应这种变化的最有效的办法是一套具有高度灵活性与渗透性的教育体系。而瑞士教育体系的高度灵活性及体系内的相互连通渗透性提供了便于学生在不同的教育途径中重新选取下一步教育道路的机会。

瑞士的双轨制职业教育体系不仅为孔子“有教无类”与“因材施教”的教育理念交出了一份满意的答卷，而且让该国在多项全球排名中，尤其是在竞争力、创新、高精度、技术领先、高生产力及高质量等方面表现出明显的优势。得益于其双轨制教育体系，瑞士在各个层面不同领域都拥有非常多的能发挥所长的高资质的专业与管理人才。

青年失业率问题困扰着许多欧洲国家，这些国家有很多受过良好教育（包括高等教育）的年轻人找不到工作。而在瑞士，受益于其独特的双轨制职业教育体系，青年失业率很低。

然而，瑞士的双轨制职业教育体系在国际上也引起过很多非议，尤其是在当今全球性一窝蜂追求学院式教育的学术化趋势下，越来越多的年轻人进入普通文理高中及传统大学学习。受这种学院式教育主流趋势的影响，大家普遍认为，年轻人只有拿到学术型大学的学历才有前途。但是我们需要从以下两个方面对这种想法提出质疑：

首先，大学教育培养的人才经常不能满足就业市场的需求（所学知识并非就业市场所需）。其次，大部分全日制大学忽略了对人才实践能力素质的培养，例如实践智能、情商、可靠性、精确性及责任心等的培养。

而以上这两方面恰恰是“瑞士的强项与优势”，同时也是对未来年轻人就业能力与企业竞争力起决定性作用的资质（能力与技巧）。

本书第一章以欧洲为例展示了大学入学率最高，同时也是青年人失业率最高的那些国家，它们都经历了明显的经济衰退，而少数拥有双轨制职业教育体系的国家在竞争力、经济实力及青年人失业率等指标上都表现良好。这些国家包括瑞士、德国和奥地利，以及职业教育普及程度相对较低的荷兰和丹麦。

毫无疑问，“知识社会”是未来的发展趋势。然而，如果不具有实践才智和高水平工作能力以及个人技能、社会技能和方法技能的职业人才来实现创新，知识与创新也就无从谈起。诚然，个人的实际能力与技能（技巧与专业知识）需要同开发的知识相结合——而这正是双轨制职业教育体系所致力于传达与传授的。没有参与过企业生产过程的人是不会系统地了解职业教育的意义的，也会低估职业教育培训的重要性。

不同于大量经济学与教育学的专项研究，本书在第二章中以全面的视角展示了教育体系与社会学指标如失业率、贫困、移民融入以及经济指标如效率、生产力、竞争力之间的相互关系及作用。

因为经济政策就是教育政策，而教育政策也就是经济与社会政策。数十年来，双轨制职业教育都未得到学术界精英的重视，只到欧洲及英美国家青年高失业率的戏剧性发展才让这些精英们开始警醒。

经合组织、欧盟当局以及联合国教科文组织现在都开始推广职业教育与培训，并承认职业教育是降低青年失业率最有效的策略。我们将在本书第三章进一步地详细介绍瑞士的职业教育做法，而其在国际上的影响力体现在接待了大批为了解双轨制职业教育体系来访瑞士的外国代表团，高峰期时每周都会接待一个代表团。

瑞士教育体系除了具有上述的以实践为导向的双轨制特征外，还拥有极大的灵活度以及不同教育途径之间的相互渗透连通性。无论是学院式教育还是实用型教育，都不会是死胡同，尤其对那些通过学徒制教育走上工作岗位后又想通过高等教育方式进一步拓宽知识结构并增强自身能力的年轻人，该教育体系为他们提供了多种选择形式。一个是高等职业教育形式，如传统的联邦考试（职业考试 BP 或高等专业考试 HFP）或高等专科学校 HF；另一个是较新的应用科学大学形式，这一大学形式近二十年来在瑞士教育领域崭露头角并成为传统大学的重要补充模式。本书第四章介绍了瑞士高等职业教育体系及其优势及特点。

瑞士双轨制职业教育体系近年来成了一种“出口产品”。受瑞士联邦政府委托，瑞士联邦职业教育与培训学院（Eidgenössisches Hochschulinstitut für Berufsbildung，EHB 或 Swiss Federal Institute for Vocational Education and Training，SFIVET）将执行职业教育方面的知识转移与项目实施。本书第五章介绍了该学院在这一领域的活动与实践。该学院同时也是本书的出版者之一。

本书主要面向教育界与企业界的管理人员，希望这些读者通过本书可以更好更深入地了解双轨制职业教育体系，这也是出版本书的意义所在。

本书以鲁道夫·H·施特拉姆（Rudolf H. Strahm）介绍瑞士职业教育体系的德文原著《学院化陷阱》（*Die Akademisierungsfalle*，伯尔尼，2014 年）及其法文译本《过长学制的幻影》（*Le mirage des longues études*，日内瓦，2016 年）为基础。《学院化陷阱》也是后来由时任瑞士联邦主席约翰·施耐德–阿曼（Johann Schneider – Ammann）作序的英文译本《瑞士职业专业教育与培训》（*Vocational and Professional Education and Training in Switzerland*，伯尔尼，2016 年）的基础。

本书由瑞士西北应用科学与艺术大学经济管理学院（FHNW/HSW）及瑞士联邦职业教育与培训学院（EHB – SFIVET）共同出版。两所机构都致力于向包括中国在内的合作伙伴推广瑞士的职业教育体系。两所学校经常接待来自中国的代表团，并为他们提供职业教育领域的管理课程，由此来帮助中国的同行们更好地了解瑞士双轨制职业教育体系的特点与优势。

负责本书翻译与校对工作的蒋于凡与赵英博均在瑞士西北应用科学与艺术大学工作，并负责瑞士职业教育专家与中国合作伙伴之间的交流以及管理课程的指导工作。

于 2021 年就任瑞士联邦主席的瑞士联邦委员暨联邦经济、教育与科研部部长盖·帕默兰（Guy Parmelin）为本书作序。

在中瑞两国建交 70 周年之际，本书的出版将进一步加强和促进两国之间的相互了解与合作。

译者序

近年来，越来越多的中国教育界人士意识到瑞士双轨制职业教育体系的独特性及其为瑞士模式的成功所起的重要作用。本书的两位译者多次参加中国相关代表团以及为中国的职业教育院校举办的管理培训班的接待工作，也为本书三位作者的不同讲座担任过多次现场中文翻译。通过这些工作，也让我们两位译者了解了职业教育专家们的一个共识，即其他国家若想有效地借鉴并学习瑞士双轨制职业教育体系的成功经验，必须充分考虑文化与国情等方面的差异。因此，在翻译本书时，我们特别注意遣词造句，以便不会混淆此类差别及独特性，同时也仔细审视了一些可能会产生歧义的通用译法。

同国际大多数教育体系一样，瑞士教育体系也包括初等（Primarstufe）、中等（Sekundarstufe）及高等（Tertiärstufe）教育三个阶段，但在细节上，不仅与中国教育体系，也与不少欧洲教育体系，甚至包括德国教育体系都有所差别。仅从评分制度上看，瑞士就有其独特的一面。瑞士的评分制度既不是百分制也不是五分制，而是六分制：六分是满分，相当于中国的一百分；四分及格，相当于中国的六十分（德国也是六分制，但顺序正好相反，一分优秀，六分最差）。可以说，瑞士从义务制教育开始就已体现出它的与众不同性。

瑞士教育体制前九年（有时会将一到两年的公立幼儿园教育也计算在内）为强制性的，德语原文为 obligatorische Schule，即强制教育学校，或 Volksschule，即“国民学校”。其中六年小学（Grundschule），三年初级中学（Oberstufe 或 Sekundarstufe Ⅰ= Sek. Ⅰ），一些州是五年小学，四年初级中学。本书将这一阶段译为“强制义务教育”。

自高级中学阶段（Sekundarstufe Ⅱ = Sek. Ⅱ）起，十五六岁的瑞士孩子可以自主选择就学方向，如本书介绍，大部分（尤其是在德语区）的孩子初中毕业后会选择双轨制学徒职业教育。这里需要强调的是，在瑞士，他们被称为“学徒（Lehrlinge）”，因为这是他们的第一身份，第二身份才是在职业学校接受基础知识教育及相应专业教育的职校学生（Be rufsschüler）。

在瑞士，约有五分之一的初中毕业生选择就读普通高中。此处需要强调的是瑞士普通高中形式 Kantonsschule（州立中学）或 Gymnasium（文理高中）的独特性。瑞士普通高中一般是四年，是提供基础性教育（Allgemeinbildung）并专门为进入传统大学做准备的全日制中等教育形式，相当于德国 Gymnasium（文理中学）的高级部、法国的 lycée（普通高中）及英国的 grammar school（文法学校）。但不能与例如作为十二年义务教育一部分的美国高中 high school 形式相混淆。本书之所以翻译为“普通高中”，是为了与职业教育及专科中学相区别，后者也称为全日制学校，学生完成学业后可以进入应用科学大学学习。

同其他欧洲国家一样，瑞士没有高考，学生持有高中毕业文凭即有大学入学资格。瑞士高中毕业考试称为 Matur（=Maturität，原意为“成熟度”），因最终评分要综合考虑高中四年的成绩，所以本书将其译为“高中会考”。

通过高中会考获得文凭后，毕业生即有资格进入十所州立大学（kantonale Universität）或位于苏黎世及洛桑的两所联邦理工大学（Eidgenössische Technische Hochschule 或 ETH）中任何一所开始大学学业，相当于德国的 Abitur、法国的 bac（baccalauréat）以及英国的 A-leve（Advanced level）。大学个别专业会要求通过专门的入学考试（Numerus Clausus）。

在瑞士，相当于高级中学阶段的基础职业教育（berufliche Grundbildung）结束后可获得两种毕业证明：一种是两年期的，入门门槛较低的 Eidgenössisches Berufsbildungsattes（EBA），本书译为“联邦职业教育资格证书”；另一种根据工种不同，需要三或四年的时间，德文 Eidgenössisches Fähigkeitszeugnis（EFZ），原意为“联邦能力证书”，考虑其内在含义，本书译为“联邦中等职业教育文凭”。

“能力”一词，德文中有多个词对应。除了表示“完成任务能力”的 Fähigkeit 一词外，还有一个词 Kompetenz，其按词根理解含有“竞争性”之义。瑞士教育，尤其是职业教育注重培养学生的不同“竞争能力”（Kompetenzen），如专业能力（Fachkompetenz）、社交能力（Sozialkompetenz）、个人管理能力（Selbstkompetenz）及方法能力（Methodenkompetenz）。同时职业教育注重动手能力，即 skills，本书将其通译为“技能”。

瑞士高等职业教育继承了很多传统职业教育的内容。首先，本书将 Höhere Fachschule 一词译为“高等专科学校”，而没有采用“职业学院”的译法，以与我国有同样称呼而本质不同的学校形式相区别。其次，对两种高等职业教育考试采用了直译：相当于我国本科阶段的联邦职业考试（BP = Eidg. Berufsprüfung），通过后获得联邦专业证书（FA=Eidg. Fachausweis），以及相当于我国硕士阶段的联邦高等专业考试（HFP=Eidg. Höhere Fachprüfung），通过后获得联邦文凭（Eidg. Diplom）。

瑞士教育体系成功的一个重要特性就是学生可以在不同教育路径之间灵活转换。这里的关键词德文原文是 Durchlässigkeit（英文 permeability），一般根据其表示的物理特性通译为“渗透性”，本书根据其内在含义翻译为“连通性”。由于各条教育路径间的多条通道，我国同行有时称这一体系为“立交桥”。

瑞士职业教育注重培养学生的“实践智能”（praktische Intelligenz）。同“智商”与“情商”一样，“实践智能”同属于美国的霍华德 · 加德纳（Howard Gardner）提出的“多元智能”理论（multiple intelligences）的一部分。

自 20 世纪末博洛尼亚进程启动以来，瑞士也引入了 Fachhochschule 体系，英文译为 university of applied sciences（and arts），中文通译为“应用科学（与艺术）大学”，均为综合性大学。需要注意的是，这类大学不是“应用科技大学”或“应用技术大学”，更不是所谓的“专科大学”或“专科学校”。

在瑞士，应用科学大学与传统研究型大学是“等价而不同”的（equal but different），应用科学大学更加强调教学的应用性及实践性。瑞士是个多语言国家，有四种官方语言，相关术语及名称均已有德语、法语、意大利语及列托罗曼语的固定表达法。本书中则以德语原文为主。

“劳心者治人，劳力者治于人”的体制是孕育贫富差距的温床。通过强调实践智能以及对职业教育和工匠精神的重视，所谓“劳心者”与“劳力者”之间的差别得到调节，在就业能力方面都可获得同等机会。接受职业教育的学生和通过普通高中走学院化教育道路的学生一样都是可塑之才，而非“教育垃圾”，更不是失败者。高等职业教育和应用科学大学也不是传统高校及“二流”或“劣等”大学的替代品，更不是大专学校。其毕业生在某些方面还比传统大学毕业生更有优势。

以上是本书的两位译者对译文中一些专有术语的注解，也是对瑞士双轨制职业教育的一点思考。

蒋于凡、赵英博

2020 年 6 月

内容简介

中国先贤孔子的教育理念“有教无类”与“因材施教”也是世界各国教育界的普遍共识。而瑞士教育能够在很大程度上实现这一理念，应归功于其成功的双轨制职业教育体系。瑞士大部分初中毕业生都选择走职业教育道路。

基于“无后续就业或学业就没有毕业”的原则，通过灵活多向的转换机制，完成中等职业教育者既可直接进入职场，也可开始在职性质的高等职业教育或与传统大学“等价而不同”的应用型大学的学业，确保瑞士教育体系特有的全面性、高质量人才培养机制。

本书适合中高等职业教育从业者及相关管理人员阅读参考。

第一章　为什么职业教育更具优势？

作者：鲁道夫·H·施特拉姆(Rudolf H. Strahm)

目前欧洲正在上演一出“悲剧”，那就是有六分之一的年龄在15～24岁没有进入高校深造的年轻人失业。2020年1月，欧盟国家在新冠肺炎疫情开始前就有近300万年轻人及1 400万25岁以上的成年人失业。

但是，在欧洲国家之间却存在一个很大的差别：在那些有双轨制教育体系的国家，年轻人的失业率明显偏低。这些国家包括瑞士、德国、奥地利、列支敦士登、荷兰及丹麦。而其他西欧及南欧的国家只有全日制教育体系。

双轨制职业教育是指年龄在16～20岁之间的学生接受的职业培训，由企业学徒培训与国家职业学校教育两部分组成。

与全日制教育体系相比，双轨制教育体系的明显优势在于双轨制教育体系致力于培养有就业及职场融合能力的人才。

双轨制教育体系也增强了经济效益、企业的创新能力、国际竞争力以及出口机会。本章将对此进行概述。

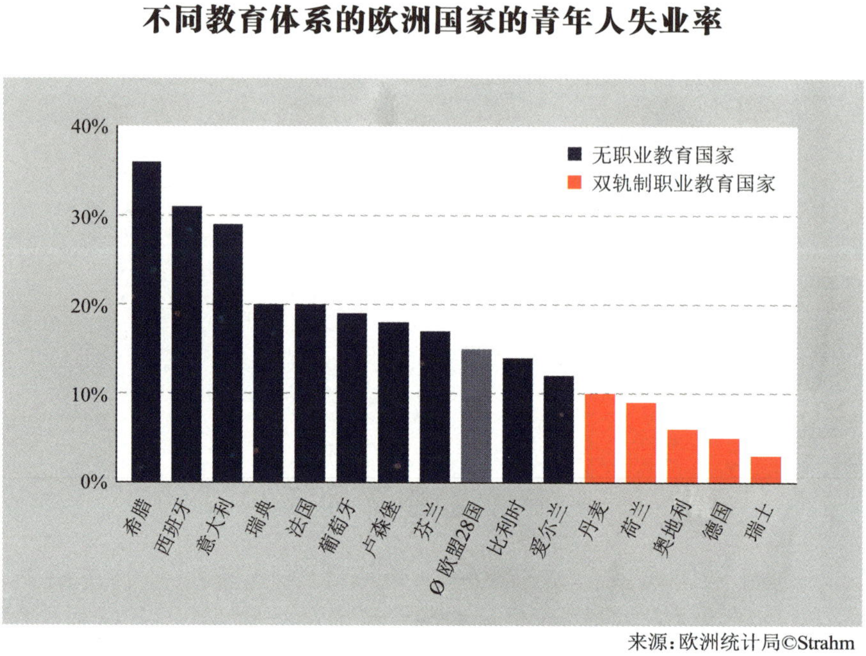

注：Ø 欧盟 28 国指的是欧盟的 28 个国家的平均值。

图 1.1　2020 年年初部分西欧国家 15～24 岁年轻人的失业率

图 1.1 所示为 2020 年年初部分西欧国家 15～24 岁年轻人的失业率。

欧洲正经历着年轻人高失业率带来的困境。2020 年年初，在没有上大学深造的年轻人中，有六分之一的人失业。

从图 1.1 可以看出，在有双轨制教育体系的国家，年轻人失业率明显偏低(红色)。这些国家包括瑞士、德国、奥地利(也包括列支敦士登)以及荷兰与丹麦，虽然后两个国家的双轨制教育体系的普及度还不是很高。“双轨制教育体系”是指职业教育由以实践为主的企业学徒培训及公立职业学校教育两部分相结合。

其他一些欧盟国家(蓝色)没有正式的职业教育体系，只有全日制教育体系，这就造成了其较高而显著的结构性年轻人失业率。而双轨制教育体系在就业市场融入及就业能力方面有很多优势。

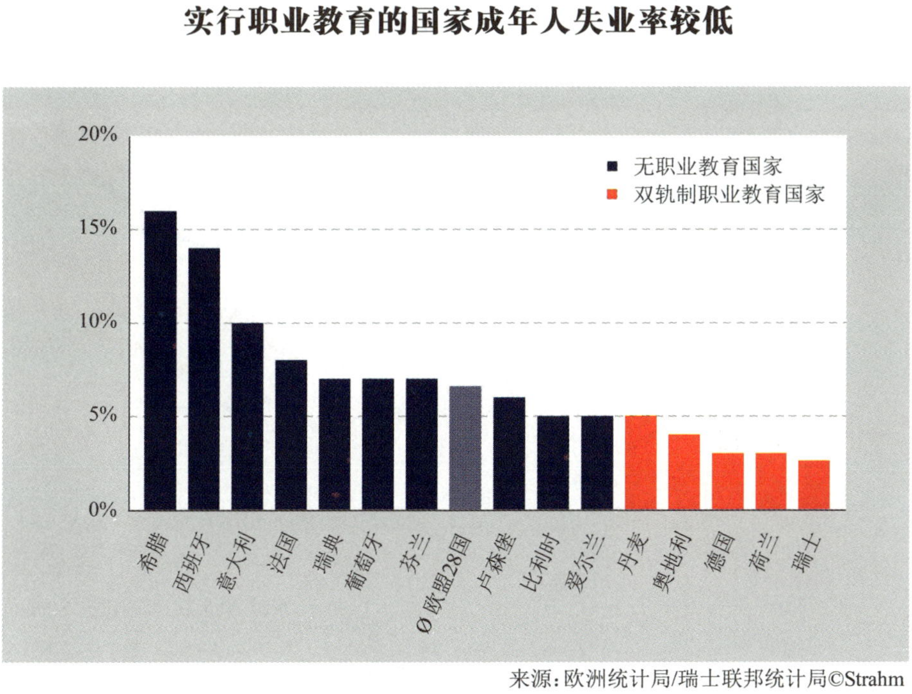

注：Ø 欧盟 28 国指的是欧盟的 28 个国家的平均值。

图 1.2　2020 年年初部分西欧发达国家成年人的失业率

图 1.2 所示为 2020 年年初部分西欧发达国家成年人的失业率。

图 1.2 显示的是经济发展程度有可比性的西欧发达国家中的成年人失业率。从图中可以看出，不仅是年轻人，而且在各年龄段的就业人群中，拥有双轨制教育体系的国家如瑞士、德国、奥地利、荷兰与丹麦（也包括列支敦士登）的失业率都比较低。

在欧洲德语国家，企业学徒培训的历史源远流长：早在工业革命初期，各行业协会就建立了技师学徒培训制度。双轨制教育体系就是从这个制度进化发展而来的（德国及奥地利在 1918 年将双轨制教育体系写入宪法，瑞士是在 1933 年）。在欧洲其他国家，以实践为主的企业职业培训缺乏传统依托，也没有什么声望。

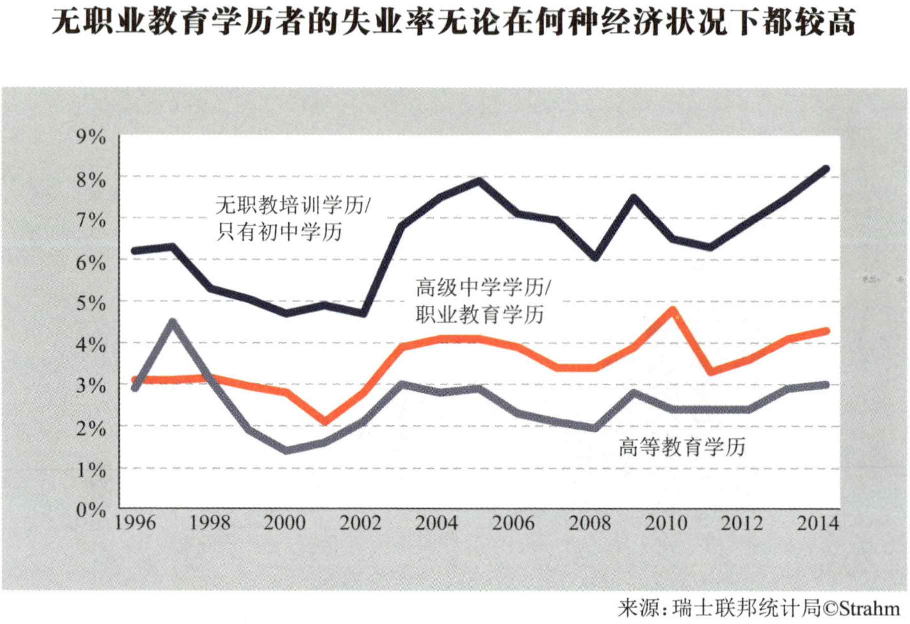

图 1.3　1996—2014 年瑞士不同学历人群的失业率

图 1.3 所示为 1996—2014 年瑞士不同学历人群的失业率。

从图 1.3 中可以看出，即使在经济发展不景气的时期，职业教育毕业文凭持有者的失业率也明显低于那些未受过职业培训（没有受过学徒教育、没有技术）的人群。高校毕业生的失业率更低。统计数字显示，在瑞士，受过职业教育培训者（有技术的劳动力或技术人员）的失业风险比那些未受过职业教育培训者低三倍。

失业率是随经济发展周期上下波动的，但是失业率的高低却主要取决于教育体系及面向实践的职业培训体系。那些没有面向实践的职业培训体系的国家，即使经济发展得很好，失业率也可能会很高（尤其是年轻人）。

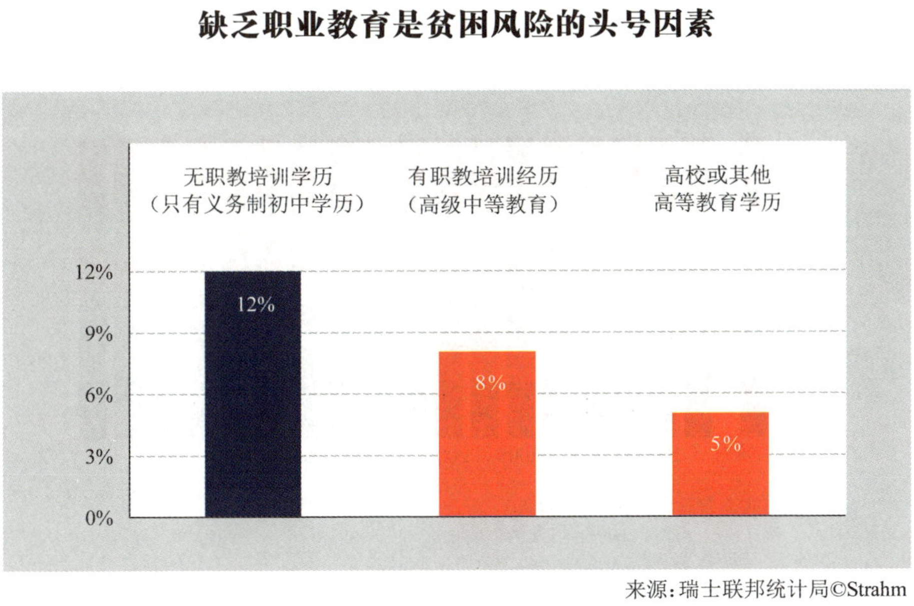

图 1.4　2018 年瑞士不同学历人群的贫困率

图 1.4 所示为 2018 年瑞士不同学历人群的贫困率。

在工业高度发达的国家，面向实践的职业培训体系的缺乏和不完善是造成贫穷和依赖社会救济的主要原因。在瑞士，在贫困线以下的人群中，未受过职业培训及其后续教育者占 12%，受过职业教育培训者占 8%，受过高等教育者占 5%。

在与瑞士人拥有同等教育背景的情况下，外来移民融入瑞士就业市场的状况同瑞士人是一样的。

因为瑞士的外来移民中很多人没有受过职业教育，所以很多人生活在贫困线以下。因此，在瑞士，接受社会救济的人 60%是外来移民。

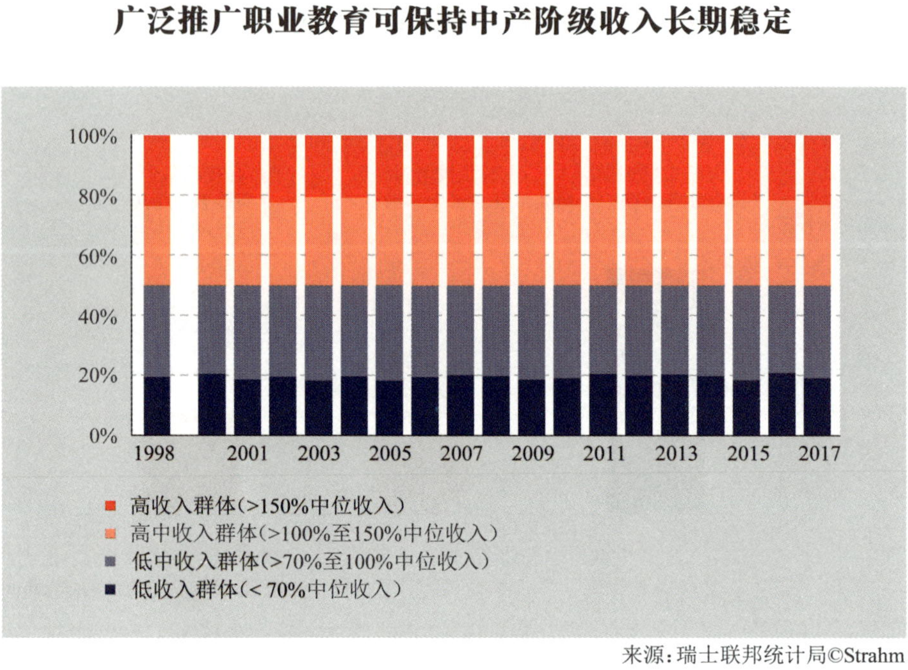

图 1.5　1998—2017 年瑞士不同收入群体占比发展趋势

图 1.5 所示为 1998—2017 年瑞士不同收入群体占比发展趋势。

双轨制职业教育加强了长期融入就业市场的中产阶级的地位。受过职业学徒教育者能更好地应对结构性转变并能更有效地融入就业市场。

因此，瑞士的收入分布自 1998—2017 年的 20 年间一直相当稳定。而在欧洲的其他国家，由于去工业化的原因造成贫富之间的收入差距越来越大。没有职业资质(未受过职业教育)的人在社会上受到歧视。

然而，瑞士同其他资本主义国家一样也出现了富人越富的现象。

瑞士专业人才在全球名列前茅——在欧洲最强，中国人曾排名世界第一

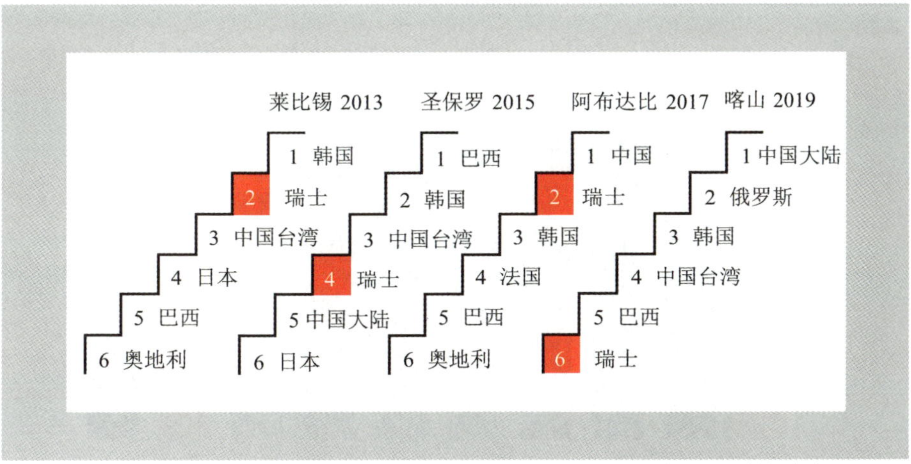

来源：世界职业技能大赛©Strahm

图 1.6 2013—2019 年 40 种不同职业的世界职业技能大赛排名前六位的国家/地区

图 1.6 所示为 2013—2019 年 40 种不同职业的世界职业技能大赛排名前六位的国家/地区。

瑞士年轻劳动力的素质不仅在欧洲最好，更是在国际职业技能竞赛中经常名列前茅。而在 2017 年阿布达比及 2019 年喀山举办的世界职业技能大赛中，受过良好训练的中国职教选手成绩超过瑞士，排名第一。

每两年举行一次的世界职业技能大赛，有来自 70 个国家/地区 40 个行业的选手参赛。选手年龄不得超过 22 岁。竞赛的最终排名代表着一个国家/地区的技术和手工能力水平，但是不能反映出这些技术劳动力在这个国家的总数和分布状况。

在瑞士，三分之二的年轻人以学徒培训的方式开始其职业生涯，此后很多人会继续深造。

全球经理人认为专业人才是最重要的区位优势因素

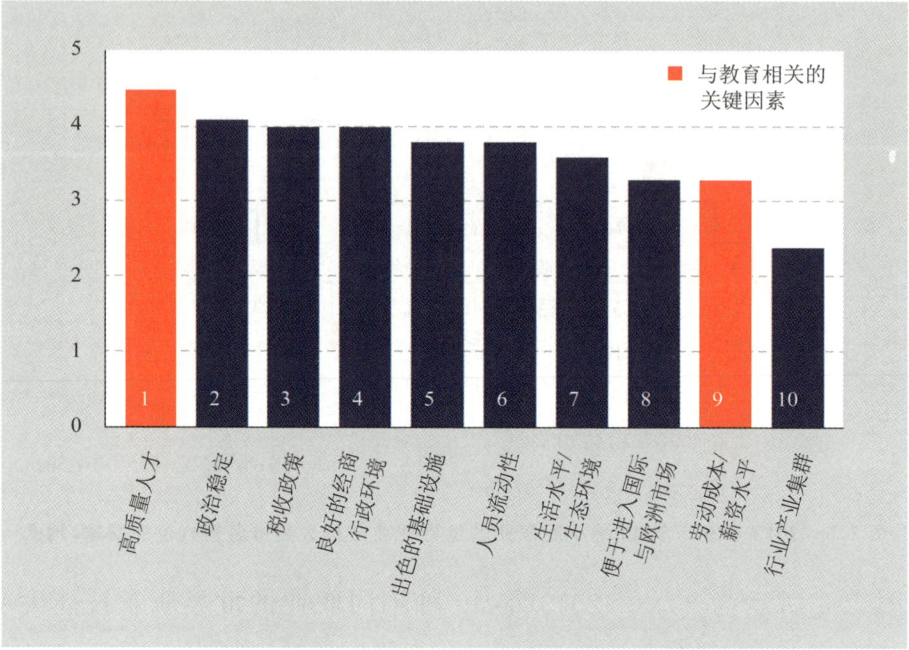

来源：麦肯齐/瑞士跨国企业联合会©Strahm

图 1.7　2019 年瑞士吸引国际公司总部入驻的十大因素重要性排名

图 1.7 所示为 2019 年瑞士吸引国际公司总部入驻的前十大因素。

瑞士是约 24 000 家跨国公司及全球控股公司总部的首选所在地。那么瑞士有哪些优势呢？

对这些国际大公司管理者的调查问卷显示，瑞士最重要、最吸引国际公司入驻的第一个因素就是高质量人才。排名第九位的才是高薪酬。高资历是重要的劳动成本要素！

国际公司的管理者很青睐瑞士的职业从业人员，他们做事准确、精确、可靠而且守时。这都是双轨制教育体系培养的结果。

另外，瑞士稳定的政治环境、低税收以及运作良好的基础设施也是吸引国际大公司的重要因素。

推行职业教育的国家人均工业产值名列前茅（西欧）

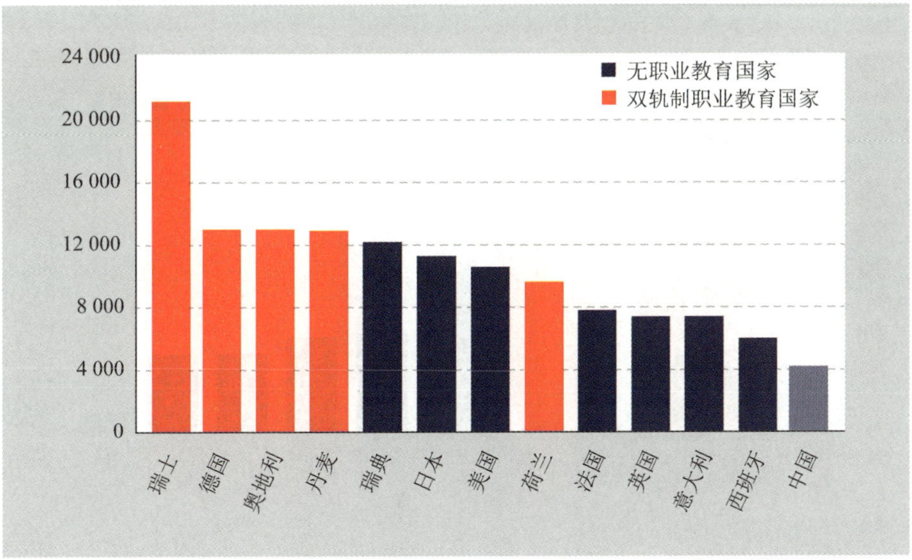

来源：世界银行©Strahm

图 1.8 部分国家 2018 年人均工业产值

图 1.8 所示为部分国家 2018 年人均工业生产值（单位：美元）。

瑞士是一个高薪资高物价的国家，与其他发达国家相比，瑞士也是一个人均创造价值最高的国家。其他拥有双轨制教育体系的国家，如德国、奥地利和丹麦，也都属于人均工业产值高的国家。在图 1.8 中，有双轨制职业教育体系的国家用红色标注，排名只考虑了西欧有可比性的国家。

高薪资的国家能在国际市场立足，主要是靠一些高价位的产品、创新、独一无二的产品以及量身定制的、高质量的解决方案。技术劳动力的专业水平是国际竞争力的决定因素。高薪资国家在大众消费品价格竞争方面根本没有优势。

欧洲推行职业教育的国家最具出口能力

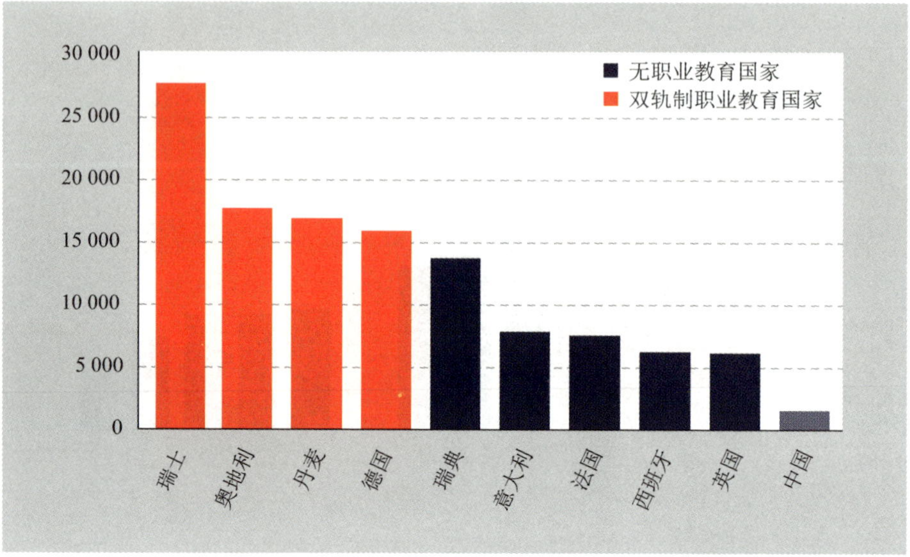

来源：欧洲统计局©Strahm

图 1.9　部分国家 2019 年人均货物出口额

图 1.9 所示为部分国家 2019 年人均货物出口额（不包括欧洲货物过境国家：比利时（74 000）、荷兰（37 000）及爱尔兰（32 000），单位：人均欧元）。

在人均出口额方面，欧洲拥有双轨制教育体系的国家，如瑞士、奥地利、丹麦和德国也是名列前茅的（其中拥有职业教育体系的国家用红色显示）。瑞典也排在前列。虽然瑞典没有双轨制教育体系，但是在瑞典的职业教育中，工厂实习占有很大的分量。另外，从图 1.9 中也可以看出，高职教育水平决定了出口竞争力。中国的人均出口能力与西欧国家相比其排名仍靠后，但正在奋起直追。

在南欧国家（意大利、西班牙、葡萄牙、希腊），传统的工业产品，如纺织品、鞋、皮货以及家用电器，受到来自亚洲的廉价进口货的冲击。

比利时和荷兰在这里单独列出来，因为这两个国家的出口额很大一部分来自货物过境贸易，例如鹿特丹与安特卫普是两大货物周转港口。

尽管是高薪国家，但因其高质量产品及服务，瑞士每年均可实现贸易顺差

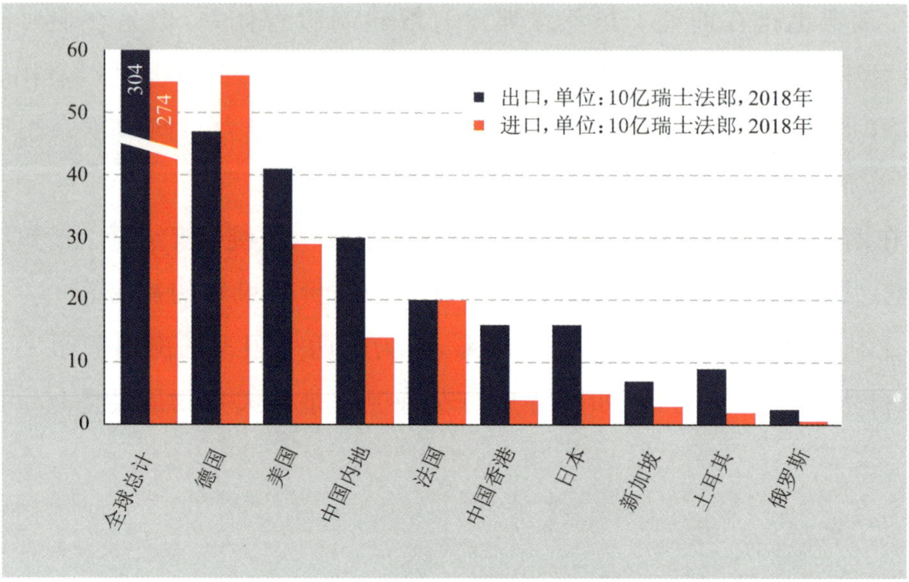

来源：瑞士联邦统计局©Strahm

图 1.10　2018 年瑞士与一些国家/地区的贸易差额

图 1.10 所示为 2018 年瑞士与一些国家/地区的贸易差额。

瑞士虽然是一个高薪资高物价国家，但其对一些强大的工业与新兴国家以及所有亚洲出口国与金砖国家的贸易——除了德国——都是顺差，也就是说瑞士的出口额大于其进口额。凭借自身的工业实力，瑞士主要出口投资货物，如纺织机械、自动化设备、机器人、精密测量仪器、药品及高档手表。

这里列举的中国的数据只是其作为瑞士贸易伙伴的情况。中国自身在国际贸易中显示了很高的贸易顺差额。

瑞士出口越来越多的是工业系统及其配套服务，如售后服务以及安装担保等。精确、创新、准确、可靠、守时、灵活的技术生产力为这些出口产品增加了竞争力。

瑞士竞争力排名全球领先

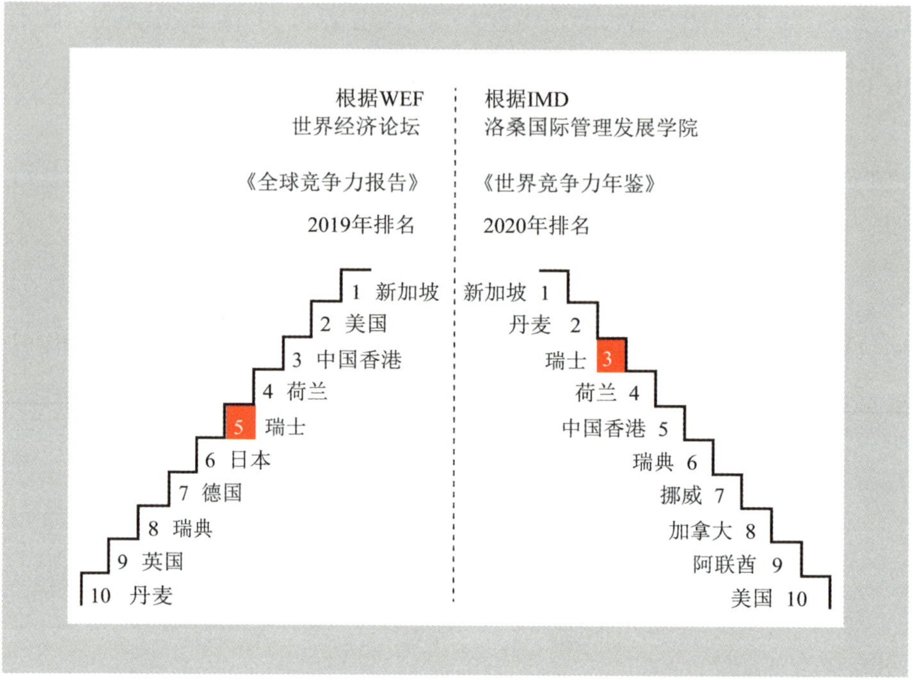

来源：WEF/IMD©Strahm

图 1.11　2019 年和 2020 年全球竞争力排名前十的国家/地区

图 1.11 所示为 2019 年 WEF 公布的《全球竞争力报告》和 2020 年 IMD 公布的《世界竞争力年鉴》中排名前十的国家/地区。

瑞士的竞争力在国际上持续排名领先。根据世界经济论坛（WEF）对 144 个国家/地区的排名，瑞士 2019 年排名第 5（见左侧），而且多年来都是名列前茅。

根据洛桑国际管理发展学院（IMD）2020 年的全球竞争力排名，瑞士排在第 3 位（见右侧）。中国香港排名第五。

以上两个排名的根据是：企业所在地优势因素、国民经济指数以及跨国企业经理人的主观判断。

瑞士的财富不仅来自于银行业

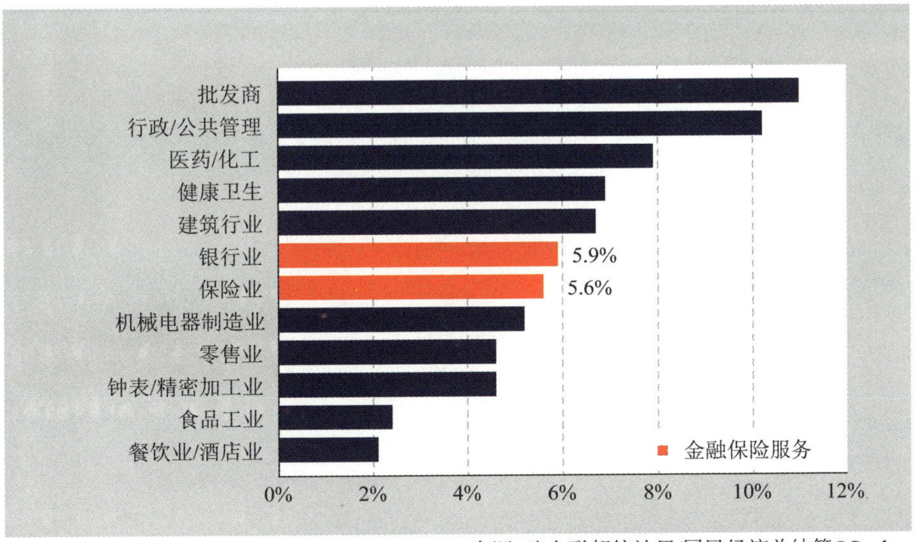

来源：瑞士联邦统计局/国民经济总结算©Strahm

图 1.12　2017 年瑞士按国民生产总值计算的各行业价值贡献

图 1.12 所示为 2017 年瑞士按国民生产总值计算的各行业价值贡献。

关于瑞士，世人有一个错误的成见，那就是瑞士只是因为有银行业才这么富庶。这个看法是错误的。

瑞士银行业对国民生产总值的贡献只占 5.9%(2013 年国民生产总值的增长率)。即使是在 2008 年全球经济危机之前，银行业的贡献也从未超过 9%。保险行业占 5.6%。金融行业总计超过国民生产总值的 10%，而工业行业约占 20%。

瑞士一直以来都是一个强大的工业国，拥有具有国际竞争力的机械、电子、金属工业、制药产业、手表工业、精密仪器和医疗科技产业。所有这些行业都培训自己的学徒，这些拥有高技能的职业的生产力是这些行业的竞争力的中流砥柱。

第二章　创新中的世界：各国职业教育与经济绩效

作者：鲁道夫·H·施特拉姆(Rudolf H. Strahm)

近年来很多欧洲国家的传统工业都经历了戏剧性的衰退，受冲击最严重的是南欧国家意大利、西班牙、葡萄牙及希腊，而法国与英国也经历了严重的工业衰退。

相比之下，瑞士、德国、奥地利、列支敦士登、荷兰和丹麦等拥有职业教育体系的国家以及瑞典与芬兰(只有信息通信行业)已通过高科技与创新实现了工业行业的现代化。他们纷纷将重心转移到开发质美价高的特色产品上，以使其在国际市场上更具竞争力，甚至实现了贸易顺差。

欧洲各国面对竞争力的差别是南欧各国债务状况的结构性原因，并成为欧元区面临的问题。长期以来，人们一直低估甚至忽略了教育体系在国际竞争力中的作用，但这对于创新与解决结构性改变问题却是至关重要的。

在本章里，我们将讲述教育体系、创新、结构性改变与经济绩效之间的相互关系。那些拥有职业教育体系的国家在经济绩效及创新方面都具有明显优势，这一点我们将在本章通过翔实的指标数据及国家/地区之间的比较来说明。

由于高校教育与双轨制职业教育相结合，瑞士在全球人才排名中名列前茅

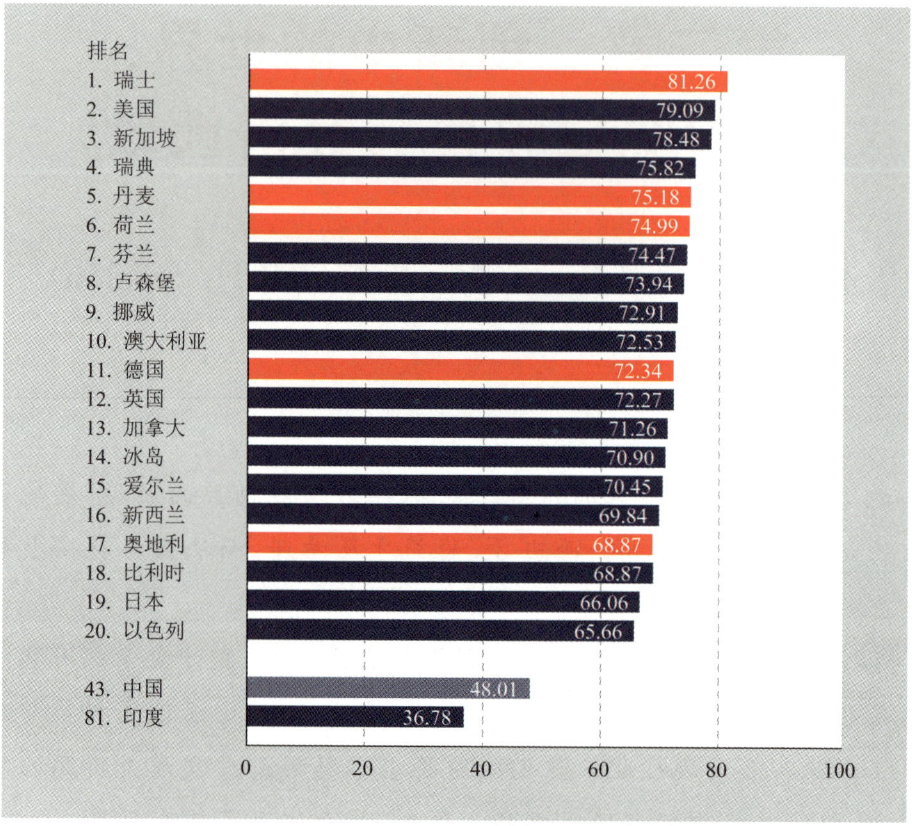

来源：INSEAD全球竞争力GTCI 排名©Strahm

图 2.1　132 个国家全球人才竞争力指数 GTCI 排名

图 2.1 所示为 132 个国家全球人才竞争力指数 GTCI 排名情况。

全球人才竞争力指数对世界132个国家从教育、科研、创新方面的绩效进行比较。人才指数排名既考虑到职业教育，也考虑到高校教育。

2020年的排名中瑞士名列第一，虽然其学术专业人才数量较少。具有职业教育体系的国家瑞士、丹麦、荷兰、德国与奥地利在132个国家中均名列前茅。

中国目前还排名43，但正在奋起直追。

职业教育国家在创新领域也名列前茅

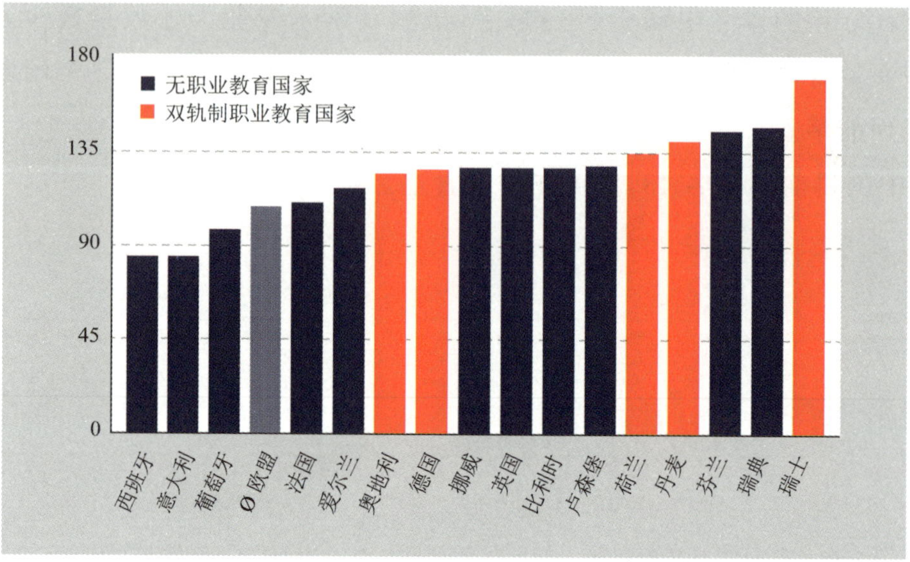

来源：欧洲创新记分牌©Strahm

注：Ø 欧盟指的是欧盟成员国的平均值。

图 2.2　2019 年不同教育体系的部分欧洲国家的创新指数

图 2.2 所示为 2019 年不同教育体系的部分欧洲国家的创新指数。

根据欧洲创新记分牌，拥有职业培训教育体系的国家也拥有欧洲最具创新力的国民经济。瑞士在这个排行榜中名列前茅。丹麦、荷兰与德国以及斯堪的纳维亚国家与英国也位居前列。

欧洲创新记分牌是一个考虑了创新产品、高科技产品、专利、新型并有效的生产工业的综合指标。创新不但需要不断研发，也需要能够快速地将研发成果转换为生产实践的能力。从事科研的国家也只有在配备有技能员工的情形下才能处于领先地位。

图 2.2 仅显示了部分欧洲国家的数据，欧盟将不断更新该排名榜。

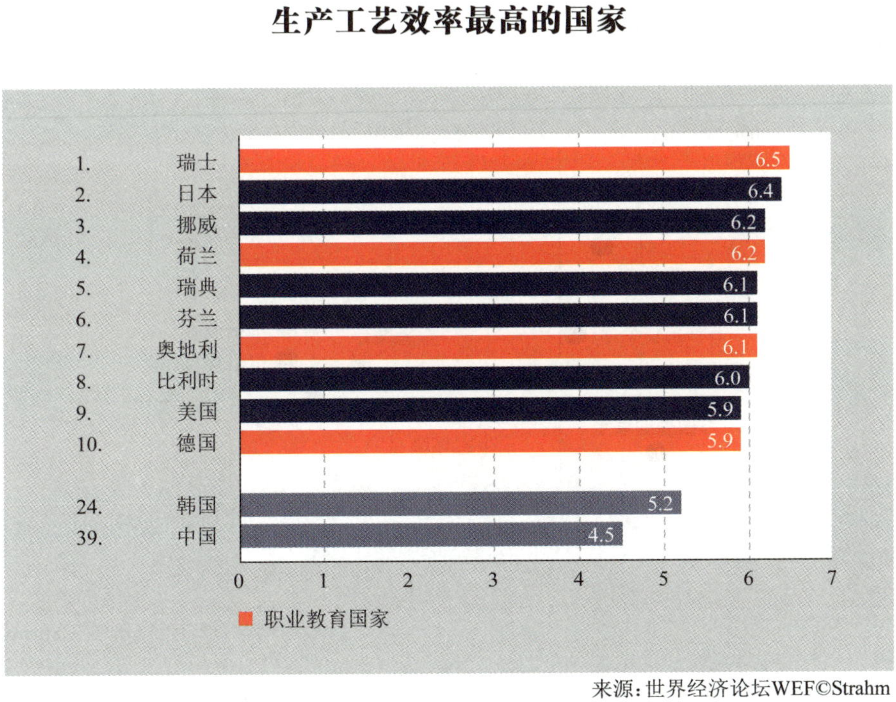

图 2.3　2018 年 137 个国家“生产流程成熟度”排名前十的国家

图 2.3 所示为 2018 年 137 个国家“生产流程成熟度”排名前十国家的情况。

不仅产品创新对竞争力很重要，而且高效的生产工艺流程(复杂性及高效性)也很重要。自动化的生产工艺流程、机器人、自动机、安全技术、智慧的营销流程都是为了提高生产工艺流程的效率。

日本是第一个使用工业机器人的国家。拥有职业教育体系的瑞士、德国、荷兰、奥地利以及北欧国家在生产效率方面都名列前茅。生产工艺的持续改进需要高素质的技术生产力。这些国家也要不断地对这些技术生产力进行最新的生产工艺培训。

韩国和中国在世界经济论坛 WEF 的效率排名中还位居 24 名和 39 名，但两国在自动化及生产工艺中的机械手应用方面正在奋起直追。

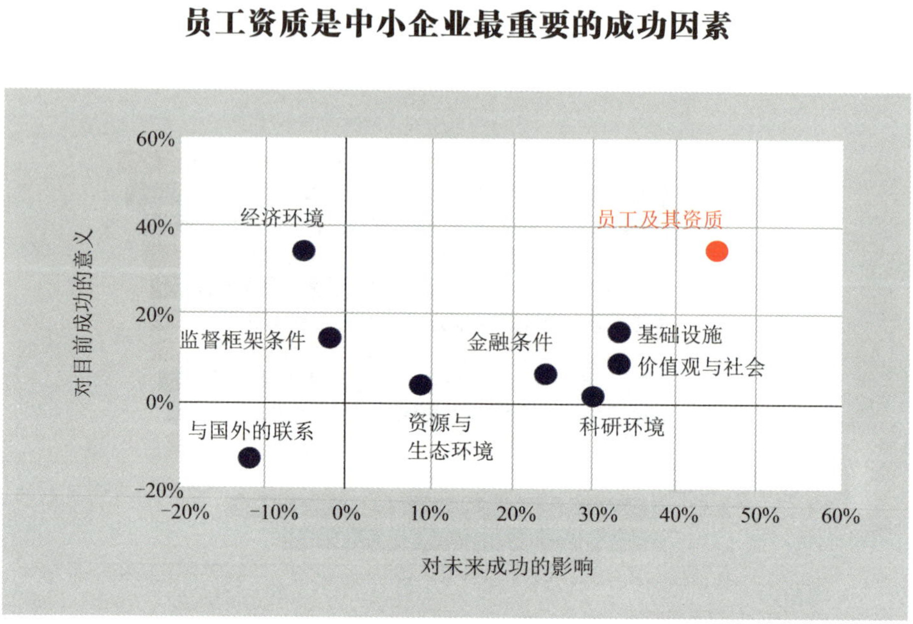

来源:《瑞信经济研究》©Strahm

图 2.4　2016 年影响中小企业成功区位的优势因素

图 2.4 所示为 2016 年影响中小企业成功区位的优势因素。

专业人才的资质对中小企业而言是保障其目前及未来成功的关键要素。这里的资质是指职业培训,但软实力因素(软技巧)如准确、精确、可靠、守时等也对保持高效率起重要作用。由此,中小企业也应重视进行学徒培训,瑞士三分之二的学徒就业岗位就是由中小企业提供的。此外,稳定的政治、良好的金融条件、有效的基础设施、民主价值及良好的科研环境等经济框架条件也很重要。

矛盾的瑞士：尽管高校入学率低，但在企业创新能力方面名列前茅

大学理科及工科毕业生
（据洛桑管理发展学院IMD）

排名	国家
1.	泰国
2.	新加坡
3.	日本
4.	中国
5.	葡萄牙
6.	卡塔尔
7.	马来西亚
8.	希腊
18.	德国
19.	芬兰
21.	奥地利
23.	意大利
25.	法国
35.	瑞士

企业界创新力
（据欧洲工商管理学院INSEAD）

排名	国家/地区
1.	瑞士
2.	瑞典
3.	美国
4.	荷兰
5.	英国
6.	芬兰
7.	丹麦
8.	新加坡
9.	德国
10.	以色列
11.	韩国
12.	冰岛
13.	中国香港
14.	日本

来源：IMD/WIPO-INSEAD©Strahm

图 2.5　2010—2020 年理工科大学毕业生占比排名靠前的国家和新技术创新能力排名靠前的国家/地区

图 2.5 所示为 IMD 公布的 2010—2020 年理工科大学毕业生占比排名靠前的国家和 INSEAD 公布的 2010—2020 年新技术创新能力排名靠前的国家/地区。

图 2.5 显示了一个矛盾的情形：瑞士企业里拥有受过学术研究教育的自然科学家和工程师的比例在国际排名中远远落后于很多国家，非常靠后，在第 35 位（左列），然而它的经济创新能力排名却位列第一（右列）。

这一矛盾情形说明：科技创新转化为产品不但需要好的科学家和工程师，更需要有实践能力的职业技术人员，来将技术快速地转化为产品。如果没有这些高质量的技术生产力，则发明和创造就不可能很快地在经济大环境中转化为产品，不能为社会创造价值。

缺少职业教育并缺乏应用技能的国家遭遇更强的工业衰退

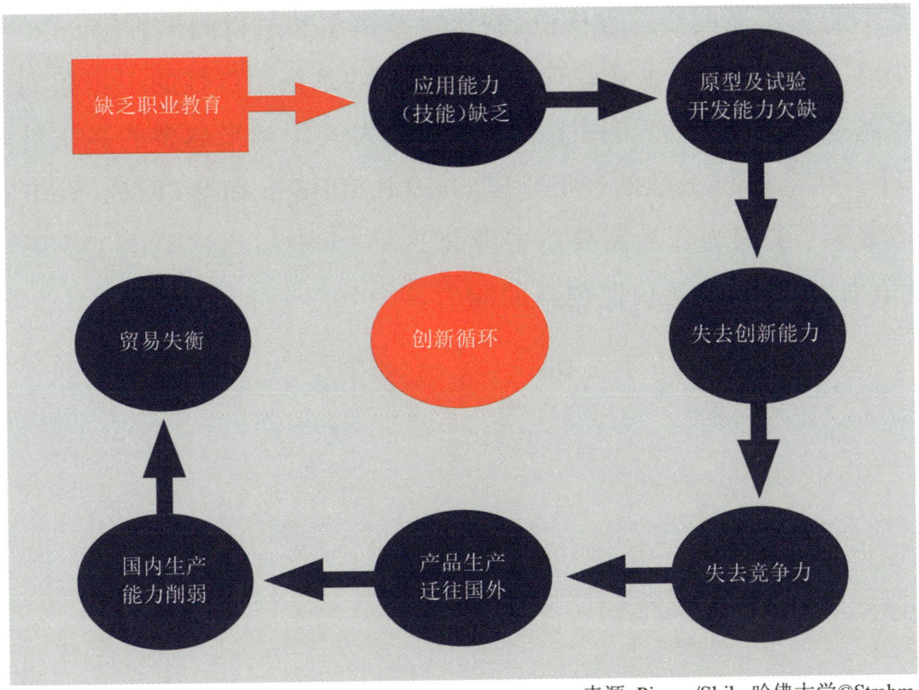

来源：Pisano/Shih，哈佛大学©Strahm

图 2.6 美国 Pisano-Shih 的工业衰退机制

图 2.6 所示为美国 Pisano-Shih 的工业衰退机制。

那些缺少职业培训的行业，其创新能力和竞争力也比较落后。那些缺少实践能力（技术）的地方，其创新能力也比较落后，因为缺少实践能力，就不能快速地同步开发样机、制作示范模型和进行测试。

几十年来，美国的企业管理者一直推行的是把生产性的工作搬到亚洲去，也就是外包。然而，美国工业界却因此失去了越来越多的高质量职业技术生产力。哈佛大学的经济学家 Gary P. Pisano 和 Willy C. Shih 在其《制造繁荣：美国为什么需要制造业复兴》一书中写道："美国工业不再具有竞争力，因为它缺乏快速创新的能力。"

对创新市场成功起决定性作用的是专业人才的应用能力

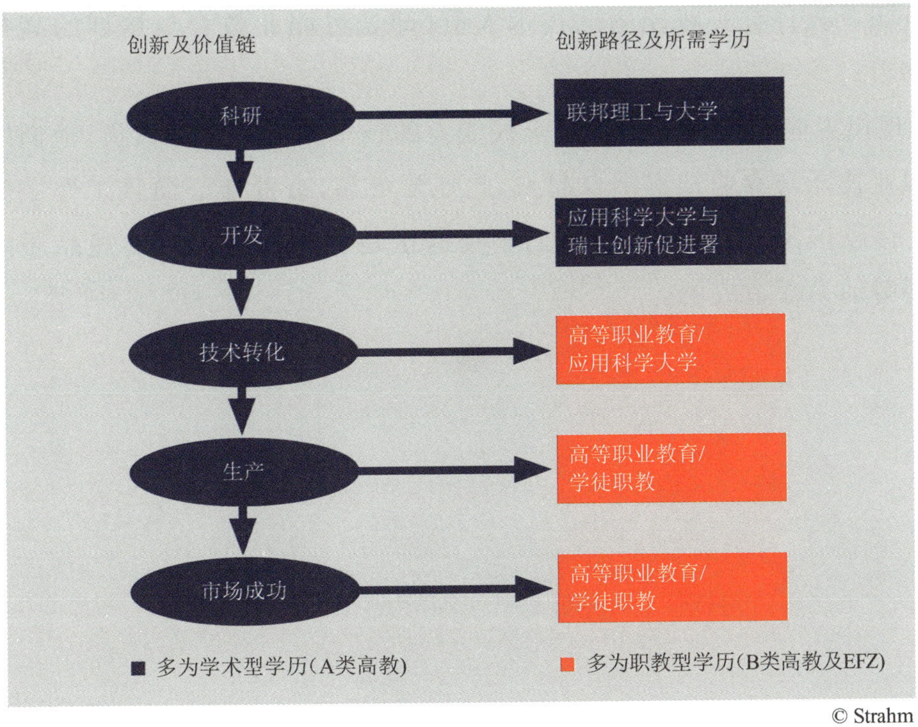

© Strahm

图 2.7　瑞士企业创新路径及所需学历

图 2.7 所示为瑞士企业创新路径及所需学历的情况。

工业创新和价值链发展初期需要来自大学及技术高校的研究与开发人员，但是在技术向市场转化、向生产过程转化以及市场营销期，则需要受过职业教育有实践能力的技术人员（即受过职业教育与培训的高技能劳动力）。

现代工业流程需要的是有实践能力的技术人员和管理人员，他们能够把职业技能与专业知识结合起来，此外要可靠，有责任心而且工作一丝不苟。南欧国家、法国和英国的工业衰退正是因为缺乏拥有上述品质的技能型劳动力而造成的。

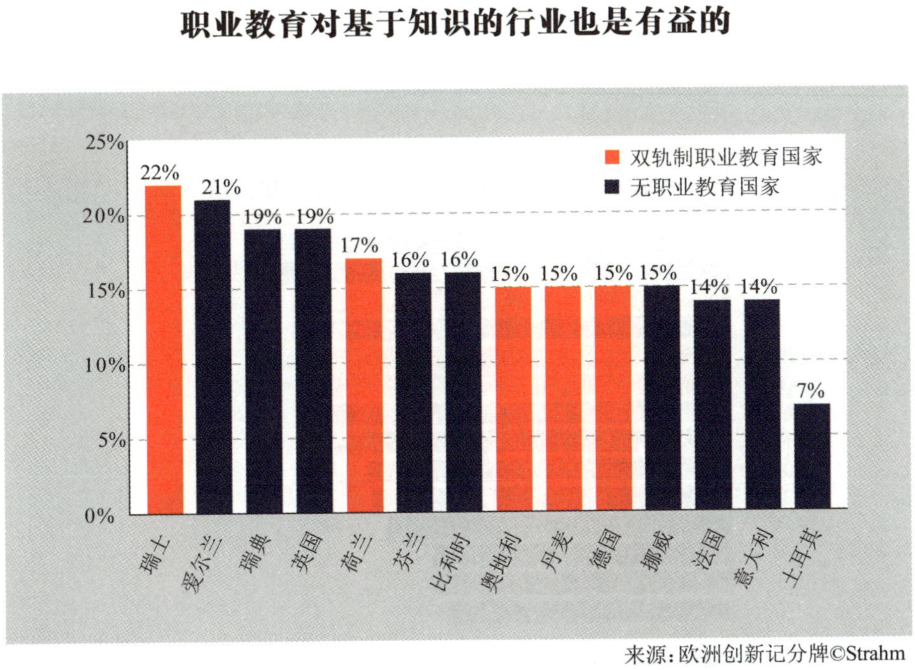

图 2.8　2017 年拥有不同教育体系的部分欧洲国家知识密集型业务从业人员占比

图 2.8 所示为 2017 年拥有不同教育体系的部分欧洲国家知识密集型业务从业人员的占比情况。

实行双轨制职业教育的国家所拥有的基于知识的专业人才也高于平均水平。有实践经验及面向应用的专业人才（技能型人才）与基于知识的专业人才（知识型人才）能够相互取长补短。

欧洲创新记分牌显示了在所有领域知识密集型业务从业人员所占的比例。在具有良好实践技能（通过学徒培训）专业人才的地方，研究人员及科技工作者也有良好的工作基础，因为科研成果可以迅速有效地转化为工业及商业应用。从另一方面看，受过学徒培训的职业人才也会在研发实力很强的地方获得更好的职业发展。

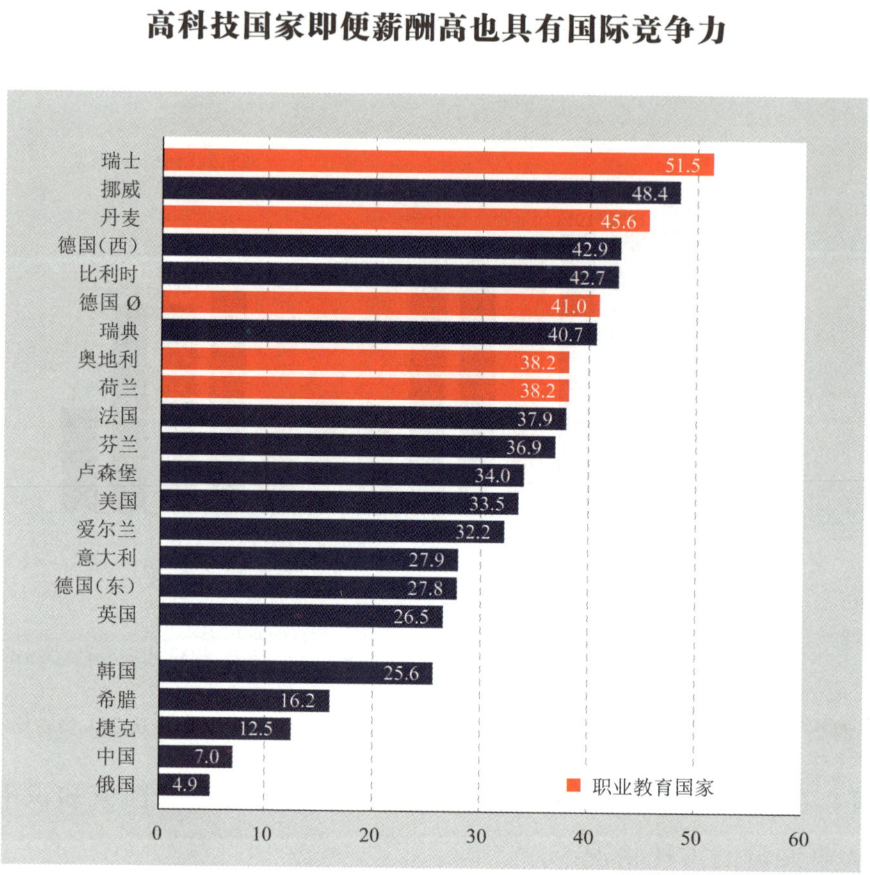

来源：德国经济研究所 IdW©Strahm

注：因德国的东部和西部劳动力成本差异较大，故将德国的东部、德国的西部、全德国分开统计，分别记作德国(东)、德国(西)、德国 Ø。

图 2.9　2018 年不同国家/区域的劳动力成本排名

图 2.9 所示为 2018 年不同国家/区域的劳动力成本排名。

拥有良好职业教育系统的国家能够承受高薪资及高物价。这里是将劳动力成本(每小时劳动力单元价值)以欧元/工作小时为单位进行比较，其中包括每小时薪资加上雇主每小时支付的社会保险成本。

高薪资一定要通过高生产率，即高效的工作方式以及高价产品来加以补偿。在国际竞争力上，质量的决定性作用高于工资成本。

结构变化：成长的行业与消失的行业

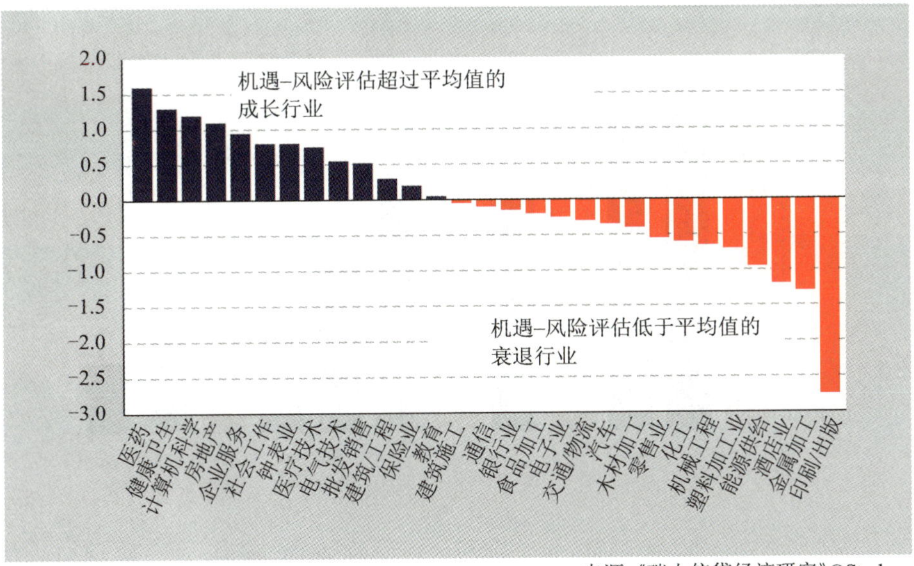

来源：《瑞士信贷经济研究》©Strahm

图 2.10　2014 年瑞士不同经济行业的机遇和风险

图 2.10 所示为 2014 年瑞士机遇–风险评估超过或低于平均值的行业。

国际竞争迫使高薪资国家不断地调整自己的经济结构：技术成熟的传统行业被转移到薪资低廉的国家，与之相比，又兴起了一批新兴的技术和服务行业。

图 2.10 展示了不同经济行业的机遇和风险。传统行业如印刷及金属加工业萎缩，新兴行业如医药、健康卫生及信息计算机技术行业增长。这就要求对技术人员不断地进行培训和再培训。企业也要随着经济结构的调整不断地调整自己的培训政策，如图 2.11 所示。

创新及结构变革要求人们终身学习及学习新行业知识

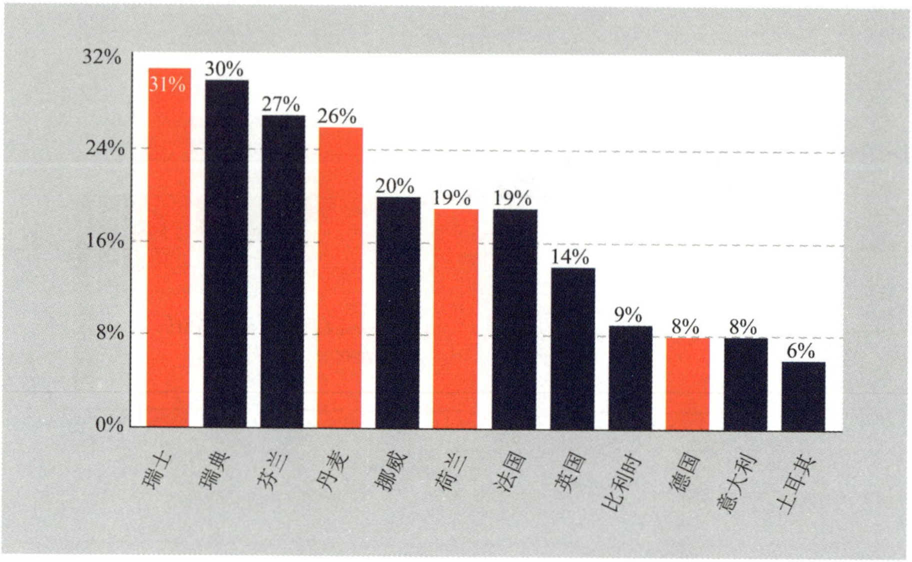

来源：欧洲创新记分牌©Strahm

图 2.11　2019 年欧洲国家 25～64 岁人群参加进修及转行学习人数占比

图 2.11 所示为 2019 年欧洲国家 25～64 岁人群参加进修及转行学习人数的占比情况。

经济结构的不断变化及经济中的数字革命（工业 4.0）迫使大多数员工不断地继续进修、再培训及补充资质，以保持竞争能力。

那些已经完成学徒培训（学徒制）的人更愿意并更有能力在今后的职业生涯中接受进一步的进修或再培训。瑞士大多数成人进修是利用业余时间完成的，例如每周一天或周三晚上，学业时长一到两年。一般情况下企业会鼓励专业人才进修并提供进修时间。

终身不断的进修培训具有双重价值：一方面，员工通过不断学习有助于提升个人的职业素养与文化修养；另一方面，员工的持续创新与技术发展对保障国家经济竞争力至关重要。

第三章　瑞士职业教育体系：无后续就业或学业，就没有毕业

作者：鲁道夫·H·施特拉姆(Rudolf H. Strahm)

瑞士的职业教育体系具有连通性并提供纵向的上升通道。瑞士教育体系的箴言是：无后续就业或学业，就没有毕业。这意味着，每个接受过职业教育的学生毕业后拿到的文凭都为下一个教育培训机会提供了基础，每个教育培训阶段后拿到的文凭都可以获得后续学业课程的承认。

瑞士三分之二的年轻人在16岁时以双轨制学徒的方式开始其职业生涯。双轨制学徒方式是将在企业的实践培训与在公立职业学校的理论课教育相结合。在企业中，学徒们要首先学习实际动手的实践技能，在职业学校则学习专业理论知识。这一结合提高了这些三至四年学制学徒培训结业者的就业能力。毕业文凭是国家承认的约230个职业的联邦中等职业教育文凭。

有学习障碍的年轻人可以接受为期两年的双轨制职业教育培训，毕业后可获得联邦职业教育资格证书。

职业教育文凭为年轻人提供了在应用科学大学或在高等职业教育约500个专业进一步深造并获取学历文凭的可能性。

本章将介绍瑞士的职业教育体系，同时也会介绍不同的教育阶段公私合作伙伴关系的参与者以及毕业生的职业发展机会。

瑞士教育体系全景：无后续就业或学业，就没有毕业！

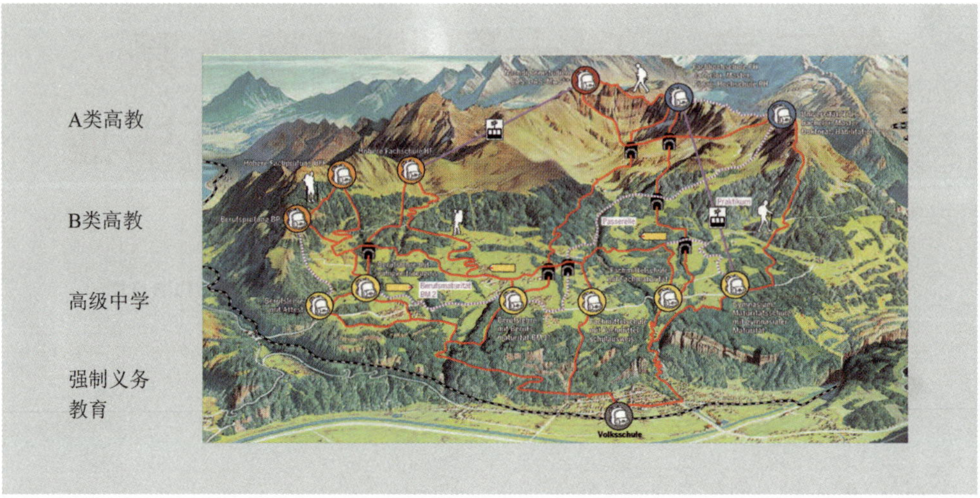

来源：苏黎世市职业规划中心©Strahm

图 3.1 瑞士教育体系全景图

图 3.1 所示为瑞士教育体系全景图。

我们可以将瑞士的教育体系同一个瑞士山地风景图相比较。瑞士这一教育体系景观有两个特点：

首先，每个年龄段的各个教育水平段都有多个课程学业可获得联邦承认的文凭。强制义务教育结束后年轻人可根据喜好与技能选择更面向课堂授课或更面向实践的教育培训方式，或结合这两者的学业课程。这样那些更具备实践能力（动手能力）的人也有机会获得就职资历。实践能力是可将学到的专业知识转换为实际应用的能力。

其次，每个阶段的毕业文凭都可以同下一步更高级的学业与文凭相结合。每一个职业生涯规划都可以通过多种教育途径实现。每个阶段的文凭都会在下一阶段的教育培训课程中得到承认并记入成绩。这里的箴言是：无后续就业或学业，就没有毕业！这意味着，一个人在未来人生中的个人能力发展也可考虑在内。

瑞士教育系统：无后续就业或学业，就没有毕业

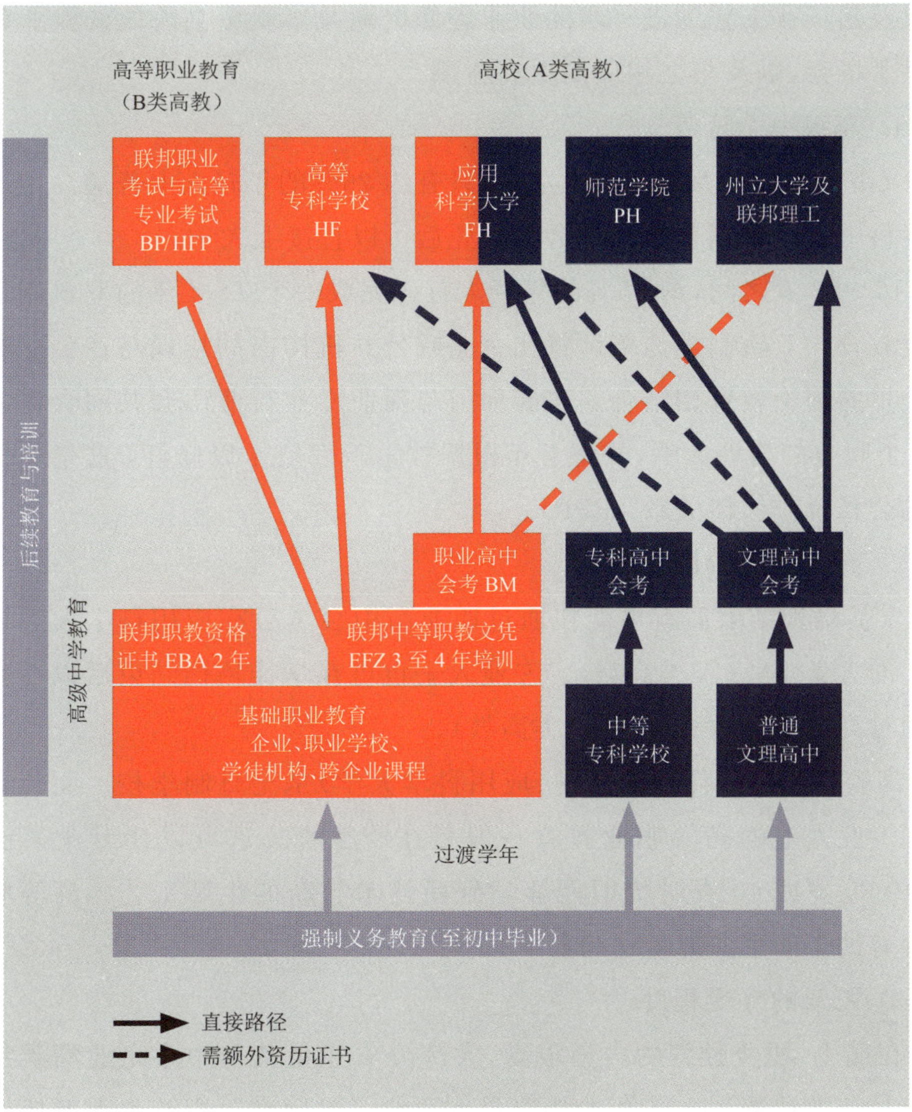

来源：联邦政府/联邦教育、科研与创新国务秘书处©Strahm

图 3.2　瑞士教育体系路径图

图 3.2 展示了瑞士教育体系的路径。

图 3.2 展示了瑞士的教育体系，其中的一个特点是连通性，即根据“没有后续就业或学业，就没有毕业”的原则来设计。这意味着，每个教育阶段及其毕业文凭为进一步的职业进修培训及接受更高阶段的专业教育提供了机会，以及与之相应的更高薪酬。

1. 高级中学阶段

义务教育结束后(16 周岁左右)只有约 26%的年轻人上普通高中或其他专科中学。拿到普通高中会考文凭后可以直接上大学。

16～22 岁之间，约 65%的年轻人首先完成一个 3～4 年的双轨制基础职业教育。双轨制学徒培训将在企业或公共机构内的培训与在公立职业学校里的理论教育相结合。政府部门与商业专业行业协会共同合作制定 230 个职业的培训大纲，并每五年根据技术新发展予以修订，这是一个真正的公私合作伙伴关系（PPP)。

2. 高等教育阶段

学徒培训结束后有可能在通过职业高中会考后在应用科学大学继续三年的大学学业(A 类高教)。专业人士也可在学徒培训结束后以在职方式通过高等职业教育深造(B 类高教)。

高校(大学、联邦理工大学、应用科学大学)是全日制学校。而针对已就职专业人才的高等职业教育一般是在职教育。这可以让专业人士在 25 岁、30 岁或 40 岁时仍旧能够学到新技术与新的生产工艺。高等职业教育有助于向企业界传送新技术。

3. 民众的接受程度

在瑞士，职业教育的声望很高，大部分农业精英与中小企业精英都是以双轨制学徒培训方式开始其职业生涯的。就读高等职业教育及应用科学大学后薪酬明显提高——进一步深造对个人职业生涯发展及企业界的技术创新都有益处——然而在瑞士还有许多父母希望其子女通过普通高中而不需参加学徒培训而直接上大学。

瑞士教育体系：超过90%的人获得学历

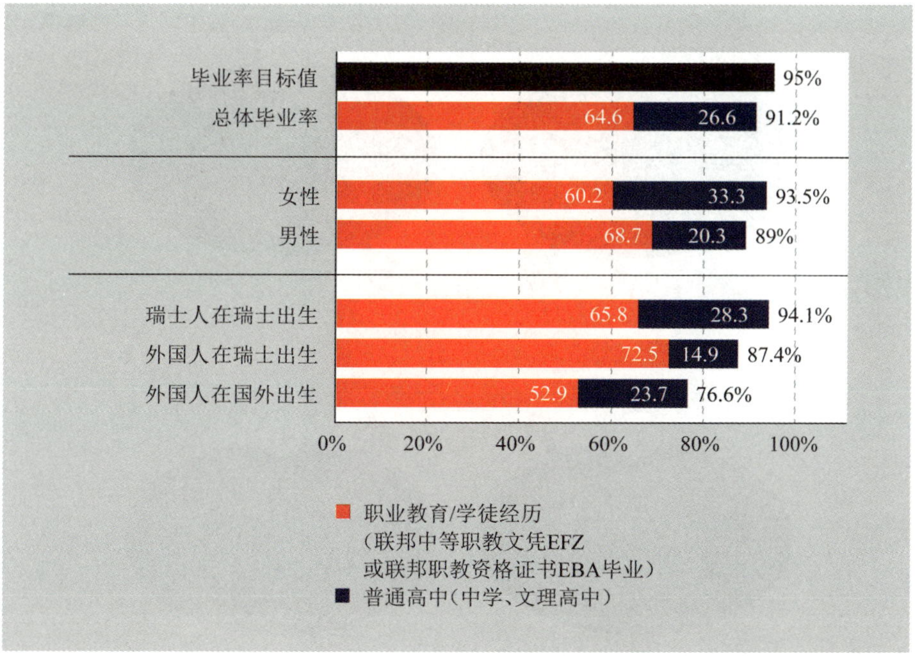

来源：瑞士联邦统计局教育领域指数©Strahm

图 3.3　2017 年瑞士 16～20 岁高中学生毕业率

图 3.3 所示为 2017 年瑞士 16～20 岁高中学生毕业率。

瑞士超过 90％的年轻人都完成了高中阶段的学业，其中约 65％是通过职业教育，22％是通过普通高中，还有约 4％是通过高级中学阶段其他形式的全日制学校。

瑞士政府的目标值是 95％的年轻人能够完成高中阶段的学业。瑞士女性及持瑞士国籍者已接近这一目标值。普通高中及其他全日制学校的女生比例明显高于男生。

在瑞士，持有瑞士护照与在国外出生的年轻移民之间存在着很大的教育差距。和其他欧洲国家一样，在非欧洲国家（第三国）出生的年轻人在瑞士接受适当教育并融入职场的问题还很严重。

谁对“普通高中还是学徒职教”的决定影响力最大

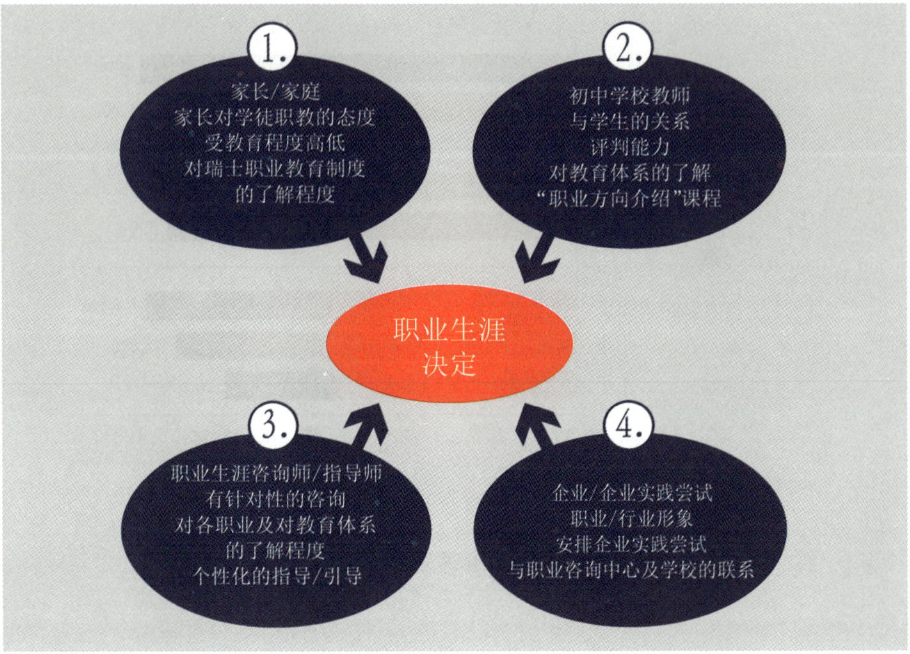

图 3.4　瑞士义务制教育结束后决定学生学业方向的参与者

图 3.4 所示为瑞士义务制教育结束后决定学生学业方向的参与者。

年轻人在 16 岁时决定是接受全日制学校教育(在瑞士即为普通高中)还是去接受职业教育,不是一件容易的事情。为了让他们做出正确的决定,年轻人会得到帮助与支持。

对教育培训方式的选择受到很多因素的影响,最重要的影响首先来自父母(1),然后是初中的教师 (2)。年轻人也可以免费向所在州的职业咨询部门 (3) 咨询;在做最后决定之前,也可到潜在学徒企业去试训(参访日),以了解一个职业的内容及环境 (4)。

在十五六岁这个关键年龄段给年轻人做职业选择的指导对后续的教育培训以及职业融入是至关重要的。

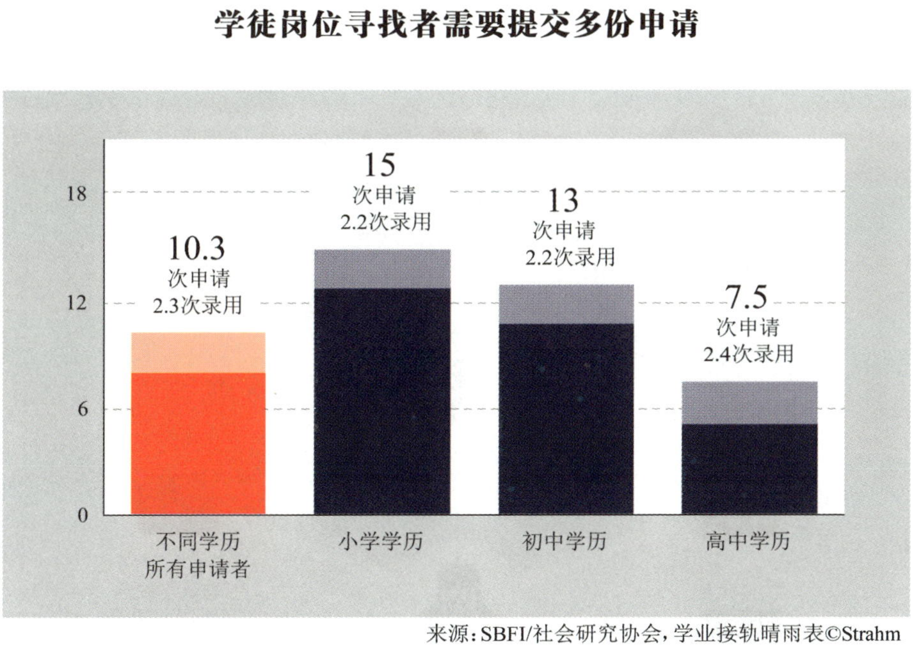

图 3.5　2019 年瑞士 14～16 岁的年轻人找到合适学徒岗位前的申请次数

图 3.5 所示为 2019 年瑞士 14～16 岁的年轻人找到合适学徒岗位前的申请次数。

在瑞士，年轻人自己寻找学徒岗位。还在强制义务教育阶段时他们就需要向企业提出书面申请，公司决定是否雇佣申请者做学徒。

大多数年轻人需要向多个企业递交申请。一个年轻人平均需要申请 10 次才能得到培训岗位，而如果申请者成绩不好，甚至需要申请 15 次。经常有人不得不放弃理想的职业。

一般年轻人会收到平均两到三份同意聘用的答复。申请学徒岗位以及应付回绝信的过程通常会对年轻人造成很大压力，但同时也是他们开始适应自由开放型就业市场的过程。申请过程需要初中老师、家长或指导培训师（职业咨询师）的引导和监督。

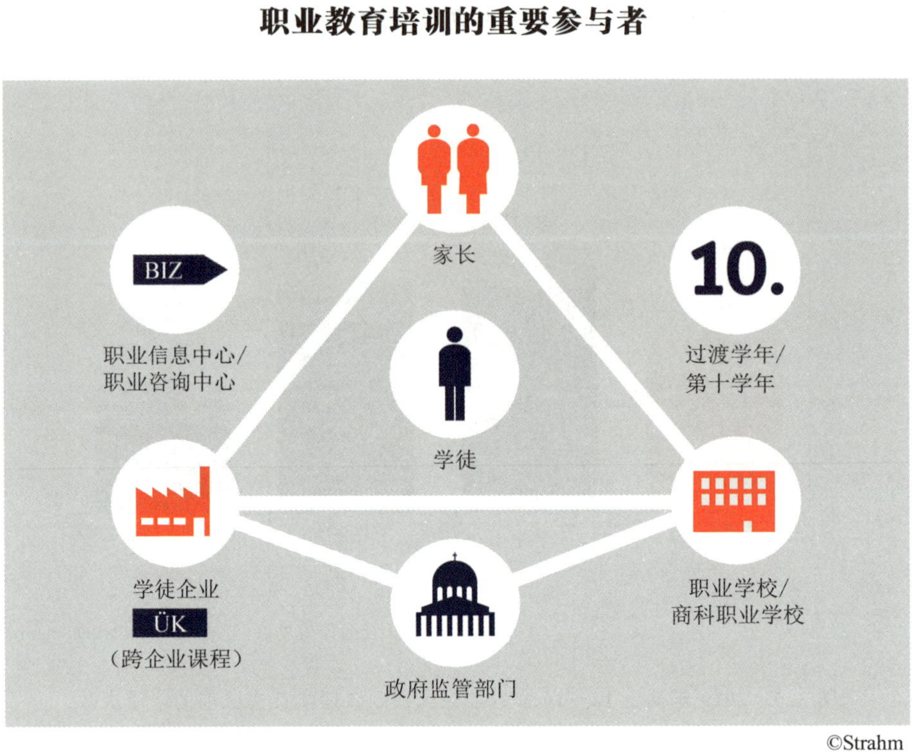

图 3.6　瑞士职业教育体系图

图 3.6 所示为瑞士职业教育体系图。

瑞士职业教育体系是一个真正的公私合作关系：学徒及家长负责向私人企业申请学徒岗位，这些企业负责学徒的实践能力培训，公立的职业学校或商科学校是免费的，负责教授专业课程。

相关政府部门监管学徒合同的签署，合同由三方签署：1)学徒及其父母，2)学徒企业及 3)政府监管部门。由此，学徒（一般 16～20 岁）合同与一般聘用合同相比受到特殊的法律保护。

政府审批培训课程并颁发联邦（中等职业教育）文凭/合格证书。在制定培训课程时需要咨询相关职业的行业协会，协会对培训提出技术需求。政府支付职业咨询以及学徒申请期过渡学年（十年级）的费用。

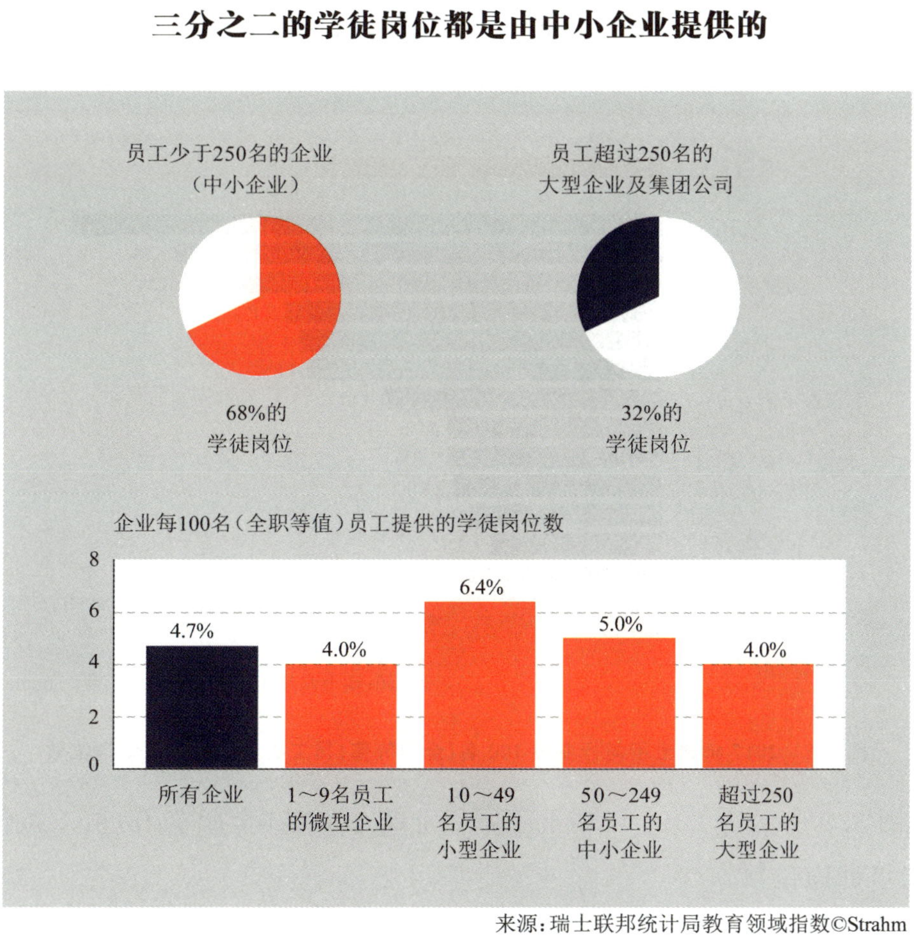

图 3.7　2017 年瑞士学徒岗位按企业规模的分布情况

图 3.7 所示为 2017 年瑞士学徒岗位按企业规模的分布情况。

瑞士中小企业（员工少于 250 名的企业）超比例地培训很多学徒。瑞士企业中 99.5%是中小企业，这些企业提供了 68%的学徒培训岗位。学徒培训规模可以用每百名员工中学徒岗位提供数目来评估。一般标准是每 100 名员工中提供 6 个学徒岗位。学徒培训并非法律规定，而属于行业文化。

学徒培训提供密度按职业与行业各不相同

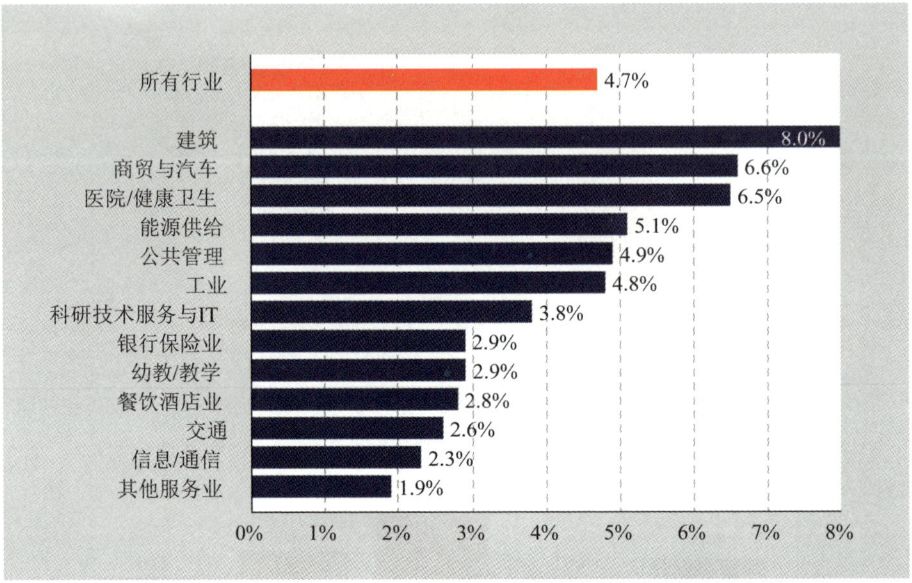

来源：瑞士联邦统计局教育领域指数©Strahm

图 3.8　2017 年瑞士不同行业每 100 名(全职等值)员工提供的学徒培训岗位数

图 3.8 所示为 2017 年瑞士不同行业每 100 名(全职等值)员工提供的学徒培训岗位数。

瑞士不同行业的学徒培训规模也不相同。

在建筑行业，平均每 100 名全职员工提供 8 个学徒岗位；而在银行业，每 100 名全职员工只提供 2.9 个学徒岗位。

职业教育文化与不同行业相关，从历史上看，职业教育最早来自于行会。这些行会从中世纪起就存在于德语地区，尤其是德国、奥地利、卢森堡及瑞士德语区。

瑞士企业平均每 100 名全职员工就提供约 4.7 个全职学徒岗位。这些岗位足以满足所有希望接受学徒培训的年轻人的需求。

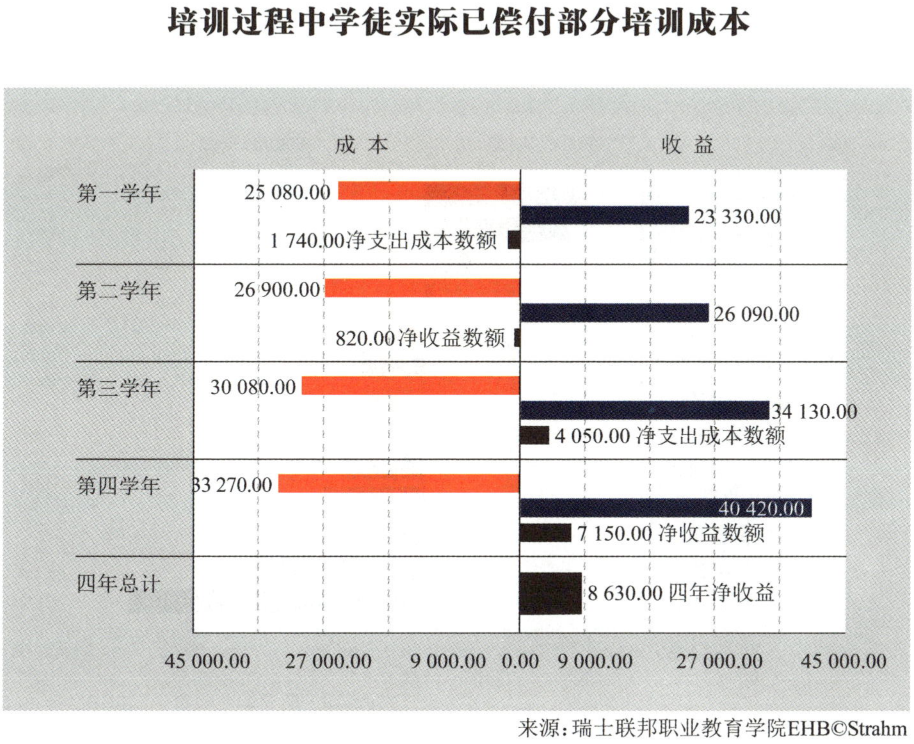

图 3.9　2019 年瑞士学徒的劳动成本与通过参与生产为企业创造的收益

图 3.9 所示为 2019 年瑞士学徒的劳动成本与通过参与生产为企业创造的收益情况。

职业教育培训对企业是物有所值的。图 3.9 中显示了一个学徒给所在培训雇主企业带来的净成本或净收益。(净在此是指收入减去开支)。

学徒在三到四年的培训期内只得到很少的工资。培训企业通过学徒的生产性劳动得到收入，但需要为企业内负责带学徒的培训师以及学徒工资支付费用。

这一成本收益计算适用于私营企业。公立职业学校的费用此处未计。学徒(根据培训职业)每周一到两天去职业学校上课，费用全部由政府承担。

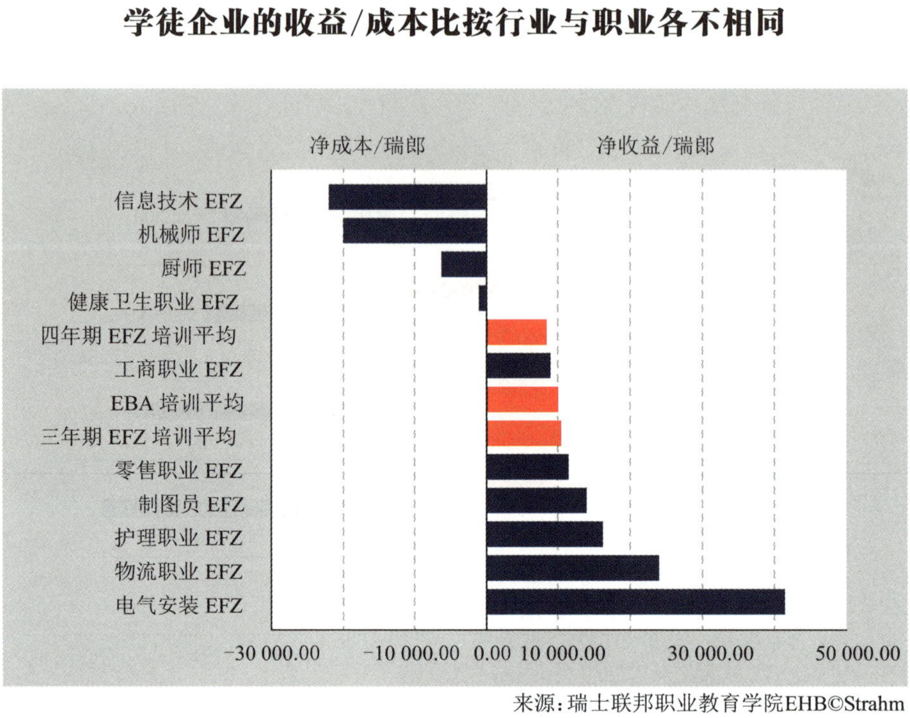

图 3.10　2019 年瑞士为期三年或四年的
不同培训职业整个学徒期间的净收益/净成本率

图 3.10 所示为 2019 年瑞士为期三年或四年的不同培训职业整个学徒期间的净收益/净成本率。

图 3.10 显示了在三到四年的学徒期内学徒可以为培训企业带来的收益或净成本。学徒的生产绩效带来的收益与培训师傅的费用及学徒工资相互抵消。

图 3.10 上部显示，接收学徒的计算机行业、机械行业与其他高科技行业的企业收益高于培训费用及学徒工资的支出。

在熟练工种行业，如电气装配师或物流师（运输行业），公司学徒培训在总体上是收入大于支出的。

私营公司进行学徒培训的主要动机不是成本和收益，而是证明学徒培训的合理性："如果我们不接收学徒，将来我们的公司会没有接班人，学徒培训是对我们未来的投资！"

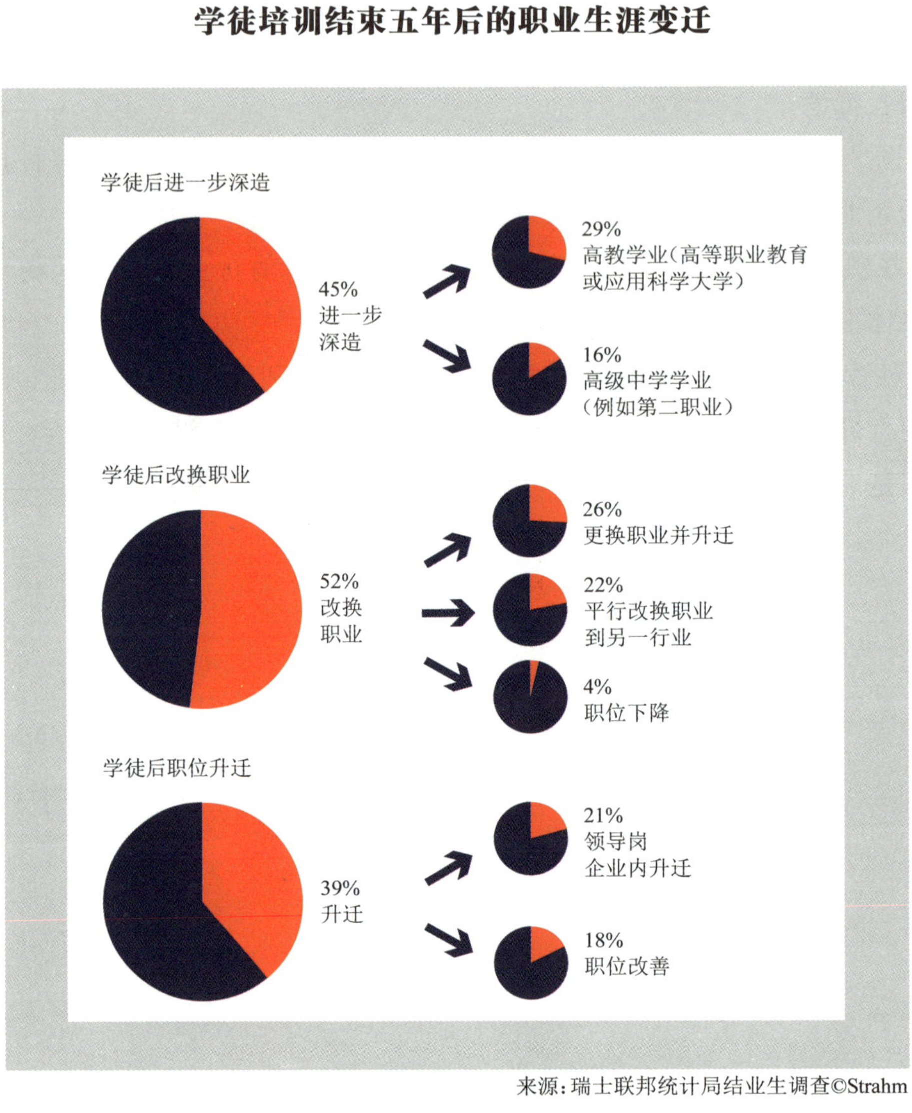

图 3.11　2013—2018 年瑞士 EFZ 学徒培训结束五年后结业者调查的结果

图 3.11 所示为 2013—2018 年瑞士 EFZ 学徒培训结束五年后结业者调查的结果。

瑞士学徒培训不是终生职业的终点。大部分从业人员在一生中会更改职业或行业，或者完成一项进修课程。

45%的学徒毕业生在五年内接受进一步的培训。29%的学徒毕业生会完成一门高等职业教育课程，16%的学徒毕业生会完成为期三年的应用科学大学课程。

52%的毕业生在五年内会更换职业或专业。26%会更换职业，以便在企业内得到升迁。22%会更换行业，大多伴随着专业的改变。只有4%的学徒毕业生会经历职业下降。很多人通过进修或更换职业来应对技术上的变革。政府失业保险部门会为失业员工提供帮助参与转行或专业培训，政府以此来加速企业界的结构变化与创新。

39%的毕业生在职业上获得了升迁并提高了社会地位。这使得很多员工可以更好地应对结构变化及数字革命的挑战。21%的职业升迁者成为企业内的团队领导、中层干部或进修负责人。另有18%的人在结束学徒学业后可以通过专业化来改善其就业地位。

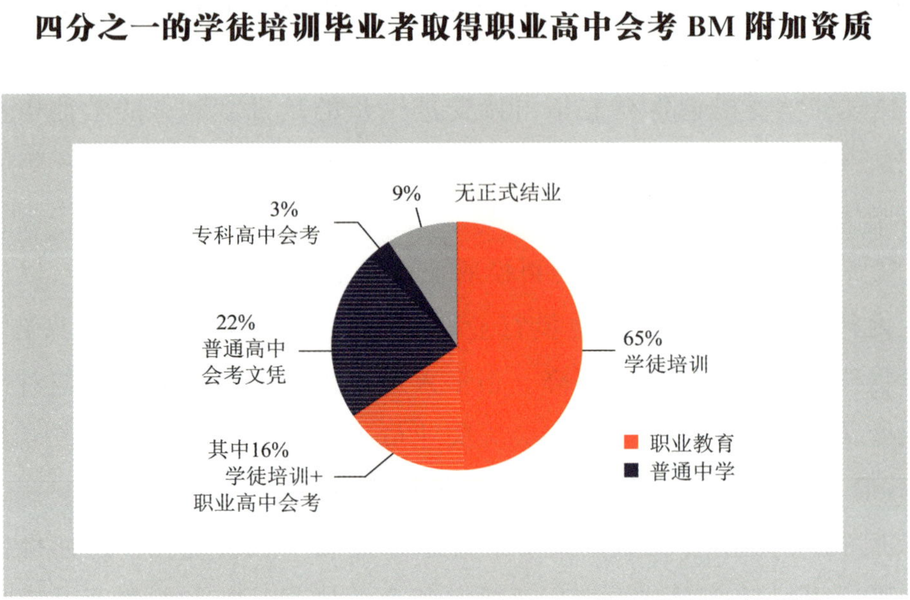

来源：瑞士联邦统计局教育领域指数©Strahm

图 3.12　2017—2019 年瑞士高级中学阶段毕业率

图 3.12 所示为 2017—2019 年瑞士高级中学阶段毕业率。

大约 65%的年轻人以学徒培训方式开始职业生涯，毕业后可获得联邦中等职业教育文凭。这其中的 16%——即约四分之一——在学徒培训毕业时已经完成了职业高中会考，可以无需考试就读应用科学大学。职业高中会考的准备课程可以在学徒培训期完成（每周一天附加课程）。只有完成学徒培训者才能参加职业高中会考。

约 25%的年轻人就读普通教育的全日制普通高中，并可获得普通高中会考文凭（22%）或专科高中会考文凭（3%）。

在瑞士出生的年轻人中只有 5%没有高中教育的毕业文凭（见图 3.3）。

高等职业教育培养中级管理干部并保障技术传播

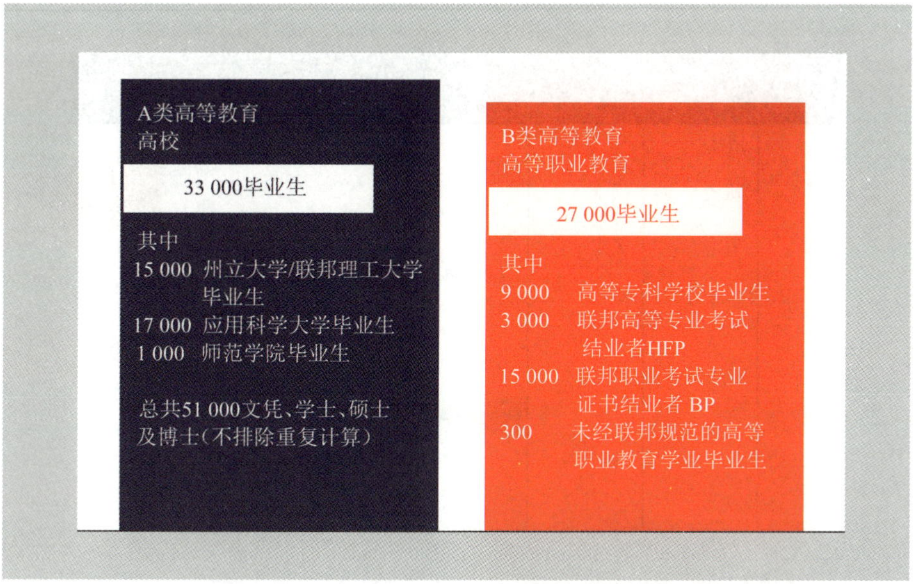

来源：瑞士联邦统计局教育领域指数©Strahm

图 3.13　2018 年瑞士高校学业与高等职业教育学业毕业者数量

图 3.13 所示为 2018 年瑞士高校学业与高等职业教育学业毕业者数量。

瑞士高等教育阶段有两种学校类型：

① 包括大学、联邦理工大学与应用科学大学在内的高校机构(A 类高教)每年培养约 33 000 名毕业生(学士、硕士与博士)。

② 高等职业教育(B 类高教)每年培养约 27 000 名毕业生成为专业人才。获高等职业教育及各类联邦高职教育文凭及进修证书，完成学徒培训并富有职业工作经验的专业人才可以在专业上进一步深造。

高等职业教育具有瑞士特色。25 岁、30 岁或 40 岁的专业人才也可通过在职方式完成这些专业培训，由此可以确保将最新技术与工艺传输到企业界。

职业教育培训学历与大学教育学历等价，但更加面向实际（“专业学士”）

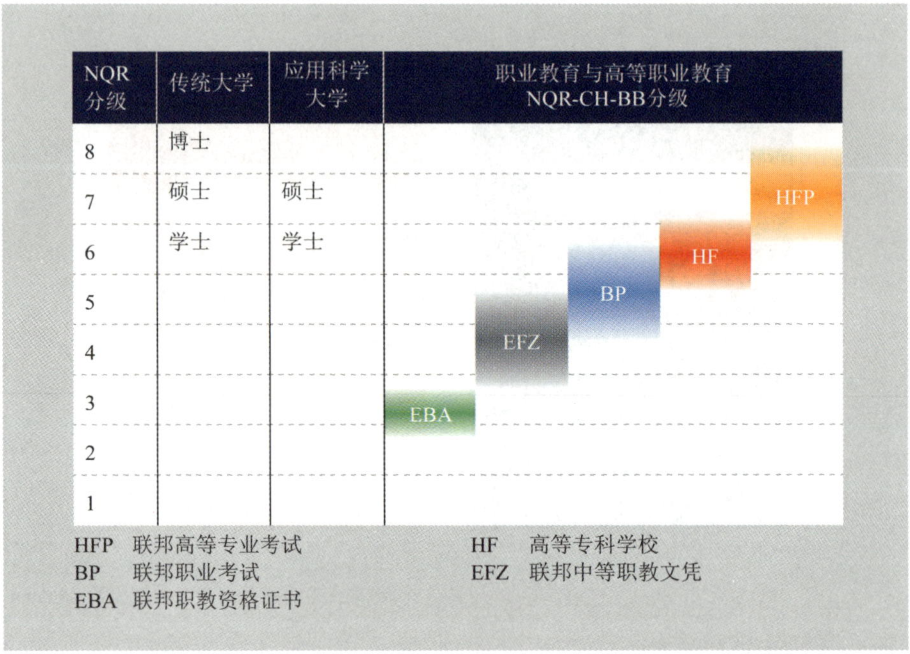

来源：SBFI©Strahm

图 3.14 瑞士职业教育根据 NQR 及 NQR－CH－BB 进行的学历分级

图 3.14 所示为瑞士职业教育根据 NQR 及 NQR－CH－BB 进行的学历分级。

瑞士职业教育文凭分量可根据《国家学历资格证书框架》(NQR)进行比对，后者很大程度上借鉴了《欧洲资格框架》(EQF)。

联邦中等职业教育文凭属于第4级，也可以是第5级。联邦职业考试相当于第5级，联邦高等专业考试相当于第6级与第7级，这意味着他们相当于大学学士与硕士学位。(分级尚未最终确定，但已经展示了综合技能需求。)

传统大学与应用科学大学文凭同高等职业教育文凭无法直接比较，它们是“等价而又不同”的。“不同”是指其特别强调面向实践及面向应用(参见第四章)。

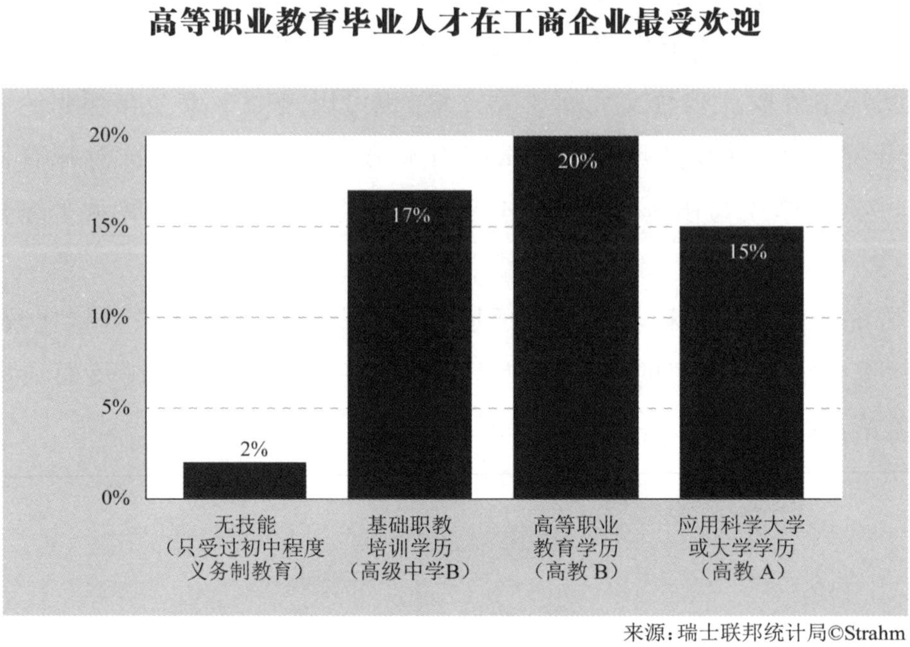

图 3.15　2012 年瑞士企业招聘不同学历员工时的困难程度(按第二产业企业员工数加权)

图 3.15 所示为 2012 年瑞士企业招聘不同学历员工时的困难程度(按第二产业企业员工数加权)。

高等职业教育是瑞士中小企业界技术创新及工艺成熟程度的主要支柱。所有各类教育等级中,有高等职业教育学历的专业人才最受欢迎——比大学毕业学历的人才还要受欢迎。

这些专业人才是企业的中层干部及团队领导:他们从根本上了解专业职业实践,而同时又具备工程技术及专业技术知识。高等职业教育费用高昂,学生经常是在职学习,无论是 25 岁、30 岁或 40 岁都可以开始高职教育学业。高等职业教育不断地将新技术传送到企业界。

学徒培训毕业者完成高等职业教育或应用科学大学学业后失业率最低

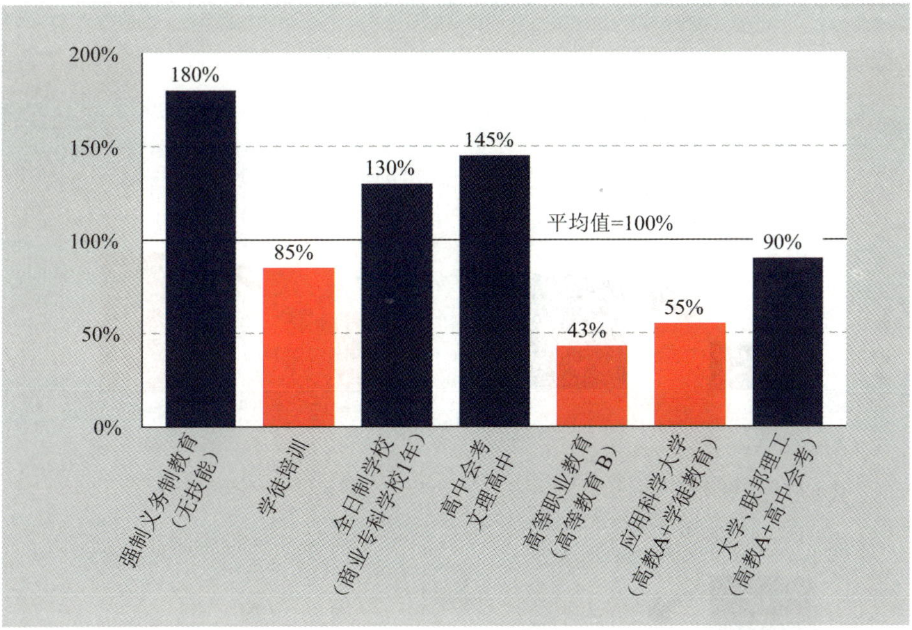

来源：BFS/SAKE und KOF-ETH-Z©Strahm

图 3.16 瑞士各学历毕业生五年来失业率的平均值

图 3.16 所示为瑞士各学历毕业生五年来失业率的平均值。

图 3.16 再次显示了，完成了学徒培训后又取得了高等职业教育（B 类高教）或应用科学大学（A 类高教）学历的专业人才在自由就业市场上最受欢迎，因为这种结合了职业培训及后续的高等教育学业的人才可以为企业带来最高的生产力。

图 3.16 内五年平均失业率设为标准值 100%。高等职业教育毕业生的失业率只有 43%，低于平均值，应用科学大学毕业生的失业率为 55%。未接受过学徒培训（无技能）者的失业率比平均值高 80%。

得益于学徒期间的职业实践，应用科学大学毕业生
能更快地找到固定职位并通常能做到管理岗位

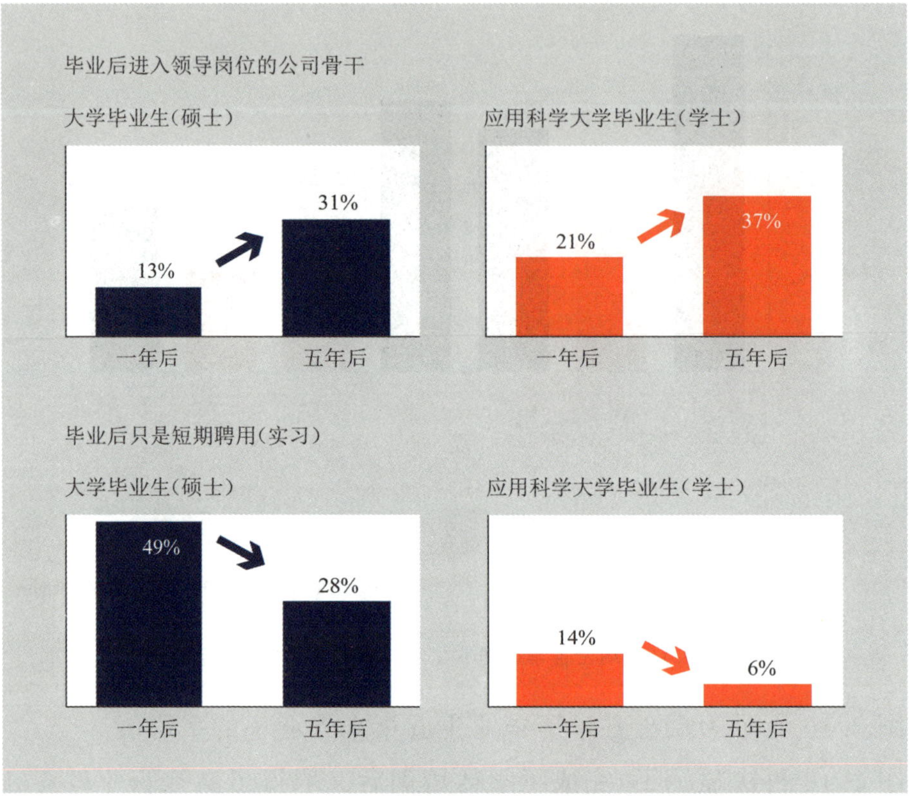

来源：瑞士联邦统计局纵向分析调查©Strahm/hep verlag

图 3.17　瑞士传统大学毕业生和应用科学大学毕业生
毕业一年后与五年后进入就业市场的职位对比情况

图 3.17 所示为瑞士传统大学毕业生和应用科学大学毕业生毕业一年后与五年后进入就业市场的职位对比情况。

做过学徒培训并完成了应用科学大学学业的毕业生更受就业市场偏爱。大学毕业五年后，31%的传统大学毕业生（硕士）走上了领导岗位，而应用科学大学毕业生（学士）的这一比例为37%，因为他们此前有职业经验。大学毕业一年后，49%的传统大学毕业生（硕士）只有一份临时工作，如实习，五年后这个数据依然高达28%；而应用科学大学毕业生由于有职业经验，所以只有6%的人无长期聘用合同。

通过职业教育参加工作的方式将来也还会是一种主要方式

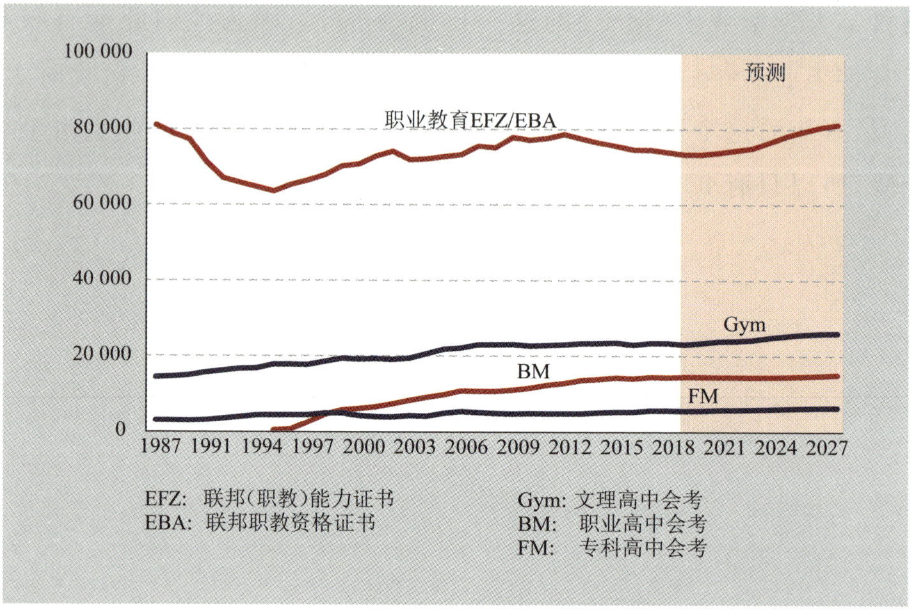

来源：瑞士联邦统计局教育领域指数©Strahm

图 3.18　瑞士高级中学阶段 16～19 岁年轻人人数分布情况

(1985—2027 年及 2018—2027 年预测)

图 3.18 所示为瑞士高级中学阶段 16～19 岁年轻人人数分布情况(1985—2027 年及 2018—2027 年预测)。

与很多欧洲国家一样，瑞士也面临着人口发展的问题。2010—2020年，每年进入成人年龄的（16岁以上）年轻人人数增长已经减少或停滞。而根据政府的人口预测，学校毕业生人数只有在2021年后才会稍有上升。

缓慢的人口增长率意味着，学徒岗位与普通高中就读学生数量都不会有什么变动，学徒培训与普通高中教育之间的竞争会增强，“人才争夺战”也会更加激烈。

瑞士通过从欧盟或其他国家引入人才来解决这一问题。瑞士人口的26％是外国人，30％的学校学生有移民背景。

职业教育的声誉：培训者光荣！接受培训者也光荣！

来源：SBFI©Strahm

图 3.19　瑞士联邦教育、科研与创新国务秘书处(SBFI)的职业教育宣传标识

图 3.19 所示为瑞士联邦教育、科研与创新国务秘书处(SBFI)的职业教育宣传标识。

瑞士职业教育的官方标识：瑞士企业界与政府共同支持对职业教育的宣传和推动——在学校里就开始为孩子们介绍学徒培训，同时孩子们可以在各州的职业咨询中心了解各种职业。初中阶段的年轻人可以去参观公司并在企业“试训”，以确定自己是否对这一职业感兴趣。

职业教育的社会声誉是至关重要的。瑞士社会普遍认为：接收学徒的企业是最佳企业！接受学徒培训的孩子们是好青年！企业精英中的大部分人也都是从做学徒培训开始他们职业生涯的。

学徒制的威信与好名声不光是靠学徒制本身，更多的是需要宣传与推动。

第四章　高等教育阶段
——高等专业职业教育与应用科学大学

作者：尤格·施耐德（Jürg Schneider）

瑞士高等教育阶段概览,包括其入学学历与各类横向通道

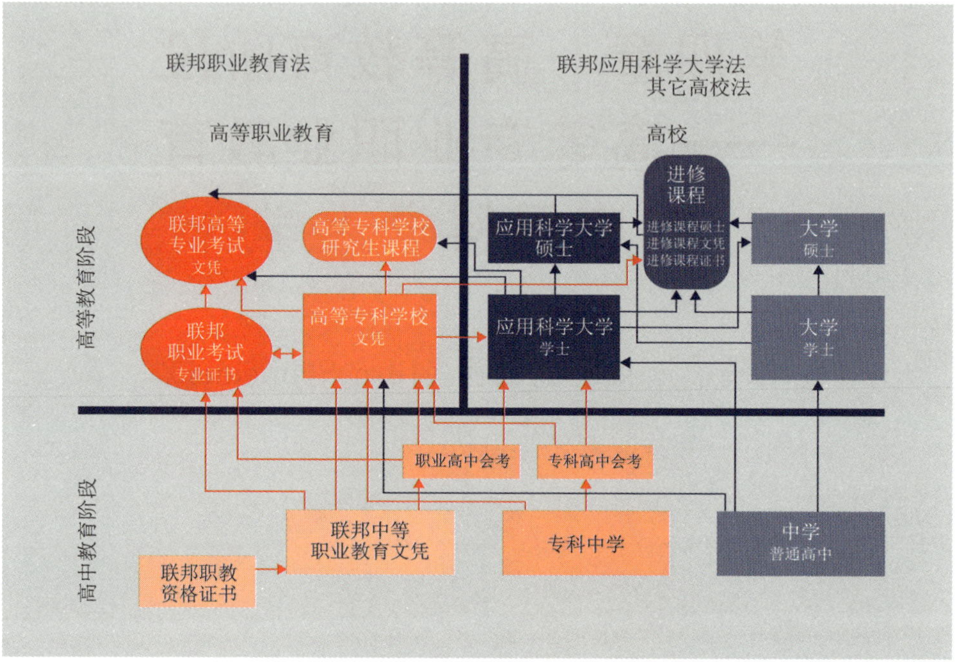

来源:瑞士联邦教育、科研与创新国务秘书处©Schneider

图 4.1　瑞士高等教育阶段概览(包括其入学学历与各类横向通道)

图 4.1 所示为瑞士高等教育阶段概览(包括其入学学历与各类横向通道)。

与大多数其他国家相比,瑞士不仅拥有传统大学体系,而且拥有完善的高等职业教育体系,近三十年又引入了可以提供本科及硕士学位的应用科学大学,进一步加强了职业教育培训与学术教育之间的联系。

从图 4.1 可以看出,有意深造的瑞士年轻人将获得一系列各具特色的高等教育机会,以优化扩展其各项综合能力。他们既可通过普通高中会考选择传统的学院式教育,也可通过职业高中会考或联邦中等职教文凭 EFZ 就读应用科学大学或高等专科学校。通过联邦职业考试及高等专业考试也可获得必要的高等教育资历。实际上这些学历可以相互结合:大学毕业生通过联邦职业考试/联邦高等专业考试来获取额外的资历，面向应用型高等教育的毕业生可以通过所谓的“横向通道”转读学术型学位：这样尽可能地消除了获得附加学历的障碍。如前几章所述，这一体系的基础是双轨制职业教育。高等教育的多种形式是成功的保证，这样也可以确保较早选择的道路不会成为单行道而使人无法脱身：“无后续就业或学业，就没有毕业”这一原则是关键。

该体系已经经历了几个世纪的发展：瑞士高等职业教育的起源，同整个双轨制职业教育体系一样，都来自中世纪行会对本行业手工业师傅后备力量的培养。早在公元9世纪，修道院的建筑学校里就已经开始从事对墓碑石匠及建筑师傅的培养。在中世纪的行会里，加入手工行业与商贸行业的年轻人不仅需要接受专业知识的传授指导，且行会的最终目标是“职业完全社会化”。行会不仅为本行业提供基础学徒培训，而且学徒能通过可证明专业能力的出师作品考取本行业的师傅。可以说，私营企业辅助政府在职业培训中发挥了重要作用。旧的联邦解体后，作为当年行会后续者的行业协会、雇主协会与工会负责本行业人才及管理干部的培训。基础职业培训及高等职业培训逐步发展并分成两部分：在企业培训与在职业学校学习。

如今的双轨制职业教育体系及高等职业教育为年轻人提供了内容广泛的、有吸引力的就学机会，完全可以与学术教育相竞争，而并不排除今后可以继续学院式深造就学的机会。应用科学大学在传统学院式及面向实际的高等教育之间起到了重要的连接作用，体系内各单元紧密地联系在一起。通过联邦中等职业教育文凭 EFZ 及联邦职业高中会考，年轻人不但可以获得高等教育入学的资格，同时也拥有了职业从业能力的资格证书。越来越多的获得普通高中文凭的毕业生也在通过特殊的面向职业的高等职业教育进入教育系统的另一端。

近80%的普通高中毕业生在会考通过后马上(当年或一年后)开始大学学业，而职业高中会考毕业者相应比率只有40%，另外20%的职业高中会考毕业者会在工作一年多之后去读应用科学大学。三分之二的职业高中会考文凭持有者在拿到文凭后会开始接受高等教育，大部分是在应用科学大学。约 30%的联邦中等职业教育文凭持有者会去参加联邦职业考试(BP)，完成联邦高等专业考试(HFP)或进入高等专科学校(HF)学习(见图 4.2)。

高校入学情况，高中会考毕业生占比

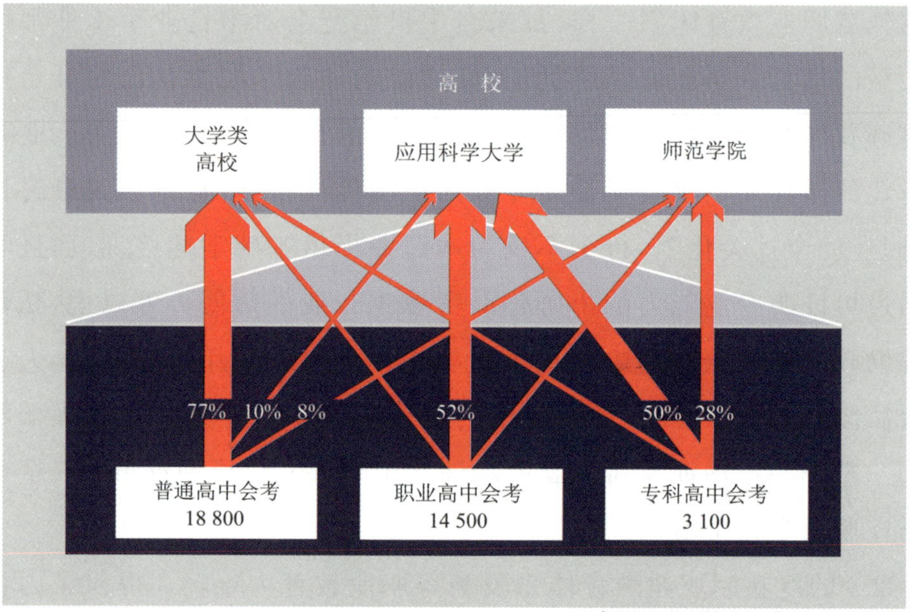

来源：《瑞士教育报告》©Schneider

图 4.2　截至 2016 年瑞士大学入学(2014/2019 年度高中会考毕业两年后)情况

图 4.2 所示为截至 2016 年瑞士大学入学(2014/2019 年度高中会考毕业两年后)情况。

在瑞士，高等教育阶段的不同模式得到了充分利用。2017 年有 32 709 名年轻学生完成了大学或应用科学大学以及师范学院的学业，获得了学士、硕士或博士学位。此外还有进修学生在这些学校毕业。而高等职业文凭考试或高等专科学校毕业的人数不少于此(参考图 4.3)：截至 2010 年高等职业教育的毕业生人数一直都在持续增长，此后应用科学大学的毕业人数增长放缓，而高等专科学校的毕业生人数还在保持增长趋势。

高等职业教育按学业类型分类的不同学历的发展状况

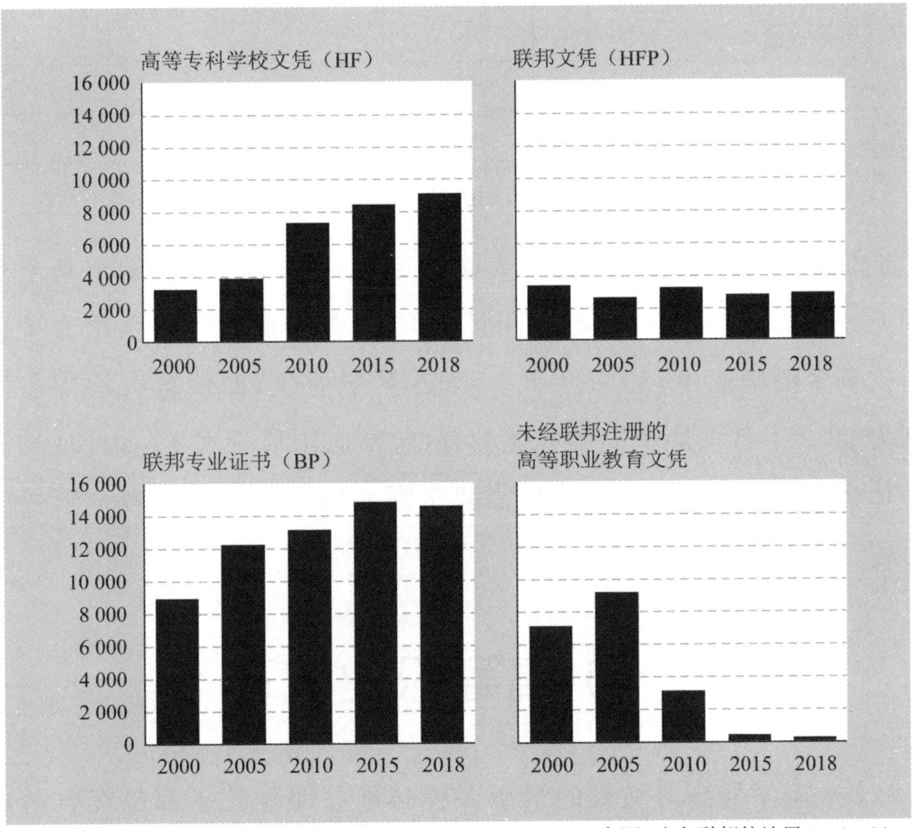

来源：瑞士联邦统计局©Schneider

图 4.3 瑞士高等职业教育按学业类型分类的不同学历的发展状况

图 4.3 所示为瑞士高等职业教育按学业类型分类的不同学历的发展状况。

然而教育改革最大的赢家还是应用科学大学及师范学院，如表 4.1 所列。这类大学自约三十年前成立起不断扩大，并向就业市场输送了越来越多的毕业生。

表 4.1 2005—2016 年瑞士应用科学大学毕业生人数发展

学历＼年份	2005	2010	2015	2018
应用科学大学文凭及应用科学大学/师范学院学士学位 *	8 573	12 589	16 945	17 986
应用科学大学/师范学院硕士学位	—	2 081	3 831	4 367
学位证书总计	8 573	14 670	20 776	22 738

* 2005 年毕业生获得的还是应用科学大学文凭，此后逐步改为欧洲通用的学士/硕士学位体系。

将高等职业教育同应用科学大学一起统计，则会发现，瑞士基于双轨制职业教育的高等教育（包括应用科学大学）如今已经为社会培养了比传统高校更多的毕业生，2018 年共 49 536 名毕业生，而传统大学毕业生人数则为 32 981 名。瑞士高等职业教育（包括应用科学大学）如此成功的秘诀是什么？为了找到答案，我们需要更深入地了解这两种教育形式的发展历程。

（一）高等职业教育

大多数国家的高等教育的学历课程和进修课程几乎都是在普通高校中进行的，而在瑞士，高等职业教育有着完善的合作伙伴体系，企业及行业协会与公共教育机构共同合作，提供一系列与就业市场需求精确合拍的高等教育学业课程及与之对应的考试，以及联邦承认的学历文凭。双轨制体系不但在中等职业教育领域得到促进和发展，其在高等教育领域模式的成功也是举世无双的。

高等职业教育主要是针对联邦中等职业教育文凭（EFZ）的持有者，他们的职业生涯可以通过以下多种途径得到进一步的发展：

① 可以先在所学行业工作挣钱，同时积累职业实践经验，而这些是进一步接受高等职业教育的先决条件。

② 可以通过联邦职业考试获取联邦专业证书，或通过联邦高等专业考试，或完成高等专科学校（HF）的学业。

③ 可以获取职业高中会考文凭，从而取得进入应用科学大学或高等职业教育学业入学资格。当然，也可以通过高等专业考试或高等专科学校来获得高等教育学历。按照个人不同的职业规划，这类文凭资质可先后依序获取，也可间隔一段时间后（通常是用来取得就职经验后）再去学习。

很多情形下高等职业教育对大学毕业生也很有吸引力，特别是在获得专业知识技能方面。为了获得高等职业教育的文凭，大学毕业生也可参加联邦职业考试或联邦高等专业考试。

一、联邦职业考试（BP）与联邦高等专业考试（HFP）

联邦职业考试通过后可获得联邦专业证书，联邦高等专业考试通过后可获得联邦文凭。就联邦职业考试与联邦高等专业考试而言，政府对考试仅有监督义务。应试者是否以及如何准备考试取决于本人，只有某些“模块化考试”除外，这些考试要求先完成专业课程。大多数应试者会通过由行业协会、职业学校、远程学习机构提供的专业课程来为考试做准备。应试者通常利用业余时间参加培训，有时甚至需要几年的时间。联邦专业证书 FA，如图 4.4 所示，特别是在管理及行政领域很有吸引力，但在贸易、人员及财产保护等行业，也有许多人考取联邦专业证书，因为这些领域的考试通常是入职的先决条件。

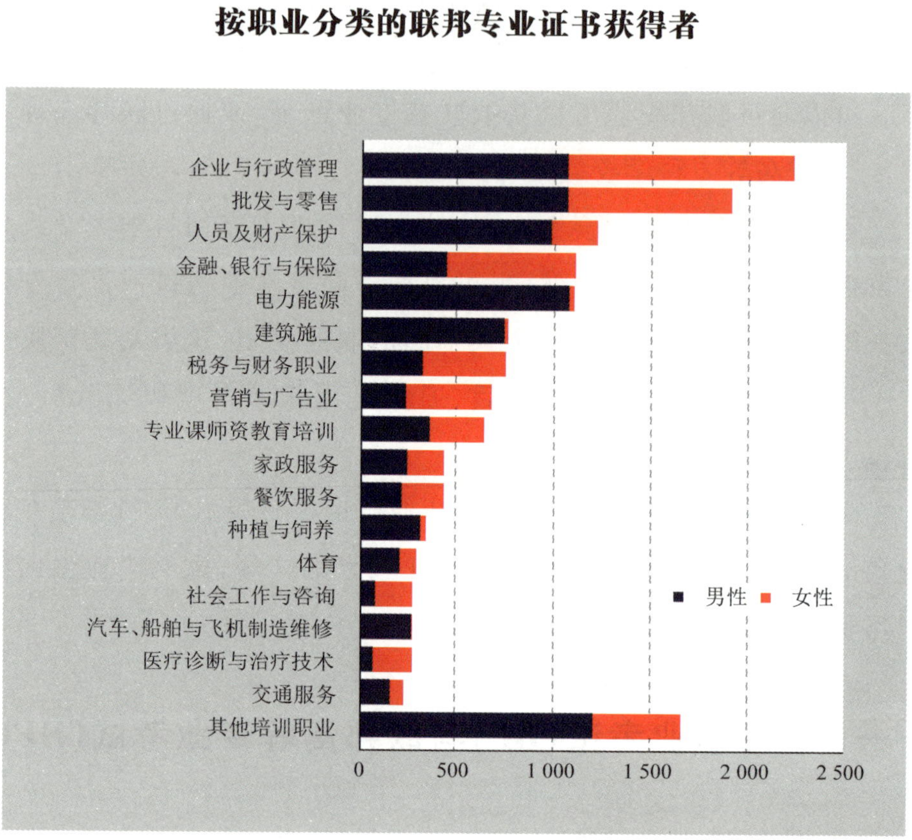

来源：瑞士联邦统计局©Schneider

图 4.4　2018 年瑞士按 ISCED 培训专业分类并获联邦证书的联邦职业考试的数据

图 4.4 所示为 2018 年瑞士按 ISCED 培训专业分类并获联邦证书的联邦职业考试的数据。

可获取联邦文凭的高等专业考试(HFP)为职业人才提供该行业的专家资质,并为他们走上企业领导岗位做准备。高等专业考试一般是基于已完成的职业考试或相应的前期学历,考试覆盖的培训学科领域与职业考试有所不同(如图 4.5 所示),例如,在传统与替代诊疗方式及疗法领域有较多人毕业。此外,也有很多人参加税务与财务学科以及批发与零售业的考试,在电力与能源、建筑施工、土木工程学科考试参与程度也很高:在这些行业必须持有相应文凭才能走上某些岗位。

按职业分类的联邦文凭获得者

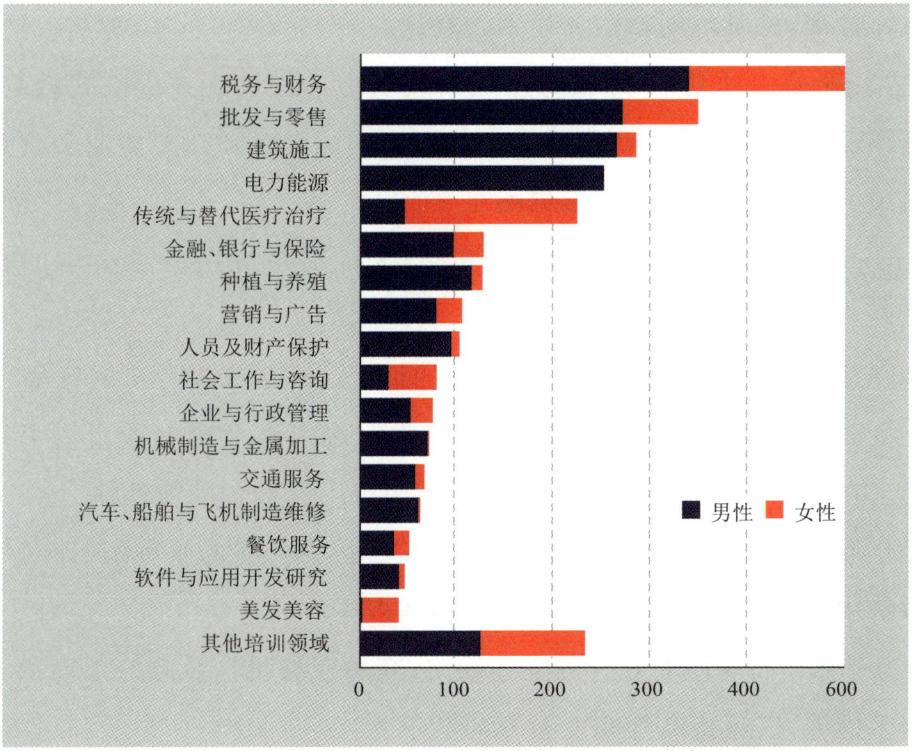

来源：瑞士联邦统计局©Schneider

图 4.5　2018 年瑞士按 ISCED 培训专业分类并获联邦证书的联邦高等专业考试的数据

图 4.5 所示为 2018 年瑞士按 ISCED 培训专业分类并获联邦证书的联邦高等专业考试的数据。

通过联邦高等职业教育文凭提供的广泛可能性可以获得附加的、为市场需求量身定做的资历和技能，这也是长期以来双轨制职教路径在瑞士极具吸引力的一个重要原因。普通高等教育往往并不是成功实现职业生涯的最佳途径。高等职业教育文凭与普通高校文凭具有同样的吸引力。因为，高等职业教育的考试完全按照就业市场的需求设计，考核标准由行业协会确定，并体现在培训大纲中。很多高等职业考试首先是为管理与领导职能提供资历，另一些则需具备特定的专业知识。相关行业协会在高等职业考试过程中参与程度越高，该考试在企业界的认可度就越高。高等职业教育培训授予的学历受到保护，毕业生的姓名会被公布，并在联邦教育、科研与创新国务秘书处登记。

在瑞士有一项共识，即教育培训的吸引力不仅体现在学院式教育上，而且体现在其他高等教育模式上。然而，2010 年以来高等职业教育在一些领域仍然发展相对缓慢（参见图 4.3）：

① 高等职业教育受到新型高教模式，特别是应用科学大学的直接挑战。

② 应用科学大学与传统大学提供的进修课程带来进一步的竞争。

③ 高等职业教育是纯瑞士模式，其学历难以在全球就业市场上得到承认。在招聘管理干部时相应的瑞士学历得不到理解并被低估。

④ 高等职业教育的学业及考试主要是由学生及企业负担，而对学生来讲费用很高，因此对其他教育途径的需求在增加。

为了弥补高等职业教育的上述缺陷，高等职教机构及政府层面都采取了很多措施，以保持高等职业教育的竞争力：

① 公共部门的财力支持在加强。自 2018 年以来，财力资助体系转换为一种被称为面向主题的资助方式，学生可获得政府在学习费用上的资助。至于这样的体系转换能否对竞争力产生积极的影响可能需要几年的时间才能衡量出来。

② 自 2011 年起，高等职业教育就在新的《国际教育标准分类》(*International Standard Classification of Education*，ISCED）框架下有了可比性。高等职业教育按照其水平及学制时长排在 ISCED 分级的第 5 到第 8 级。这就使得高等职业教育具有高透明度：联邦职业考试及高等专科学校毕业文凭排在第 6 级（学士或同等学历），联邦高等专业考试排在第 7 级（硕士或同等学历）。在《国家学历资格框架》NQR 中，高等职业教育目前也是排在第 5 到第 8 级（参见图 3.14）。为了便于比较，通过在学位名

称后添加英文称呼，如“certified”（证书）“registered”（注册）或“licensed”（许可证）等来进一步加强对国家承认的学历资质的保护作用。

二、高等专科学校(HF)

高等专科学校是一种较新的高等教育类型，与联邦职业考试及联邦高等专业考试类似，都具有理论与实践相结合的连接功能。3 600～5 400 小时的课程计划以及学校的运营由联邦监管并共同出资：联邦可在限定时段内认证一所学校。自 2017 年 11 月 1 日起，联邦对学校运营法规做了全面修订，目的是明确课程内容及范围（例如与应用科学大学的区别）及更明确定义课程面向就业市场的特性。

就读高等专科学校有全日制形式或在职形式，学制一般是两到三年。实习是高等专科学校的一个重要组成部分。入学条件是完成高级中学教育学业及一定的实践经验。某些学科课程的入学资格考试也很重要。高等专科学校也提供研究生课程（Nachdiplomstudium），比如健康卫生与护理领域的专业学科（重症护理、急诊、麻醉）。在高等专科学校（HF）与应用科学大学（FH）之间存在着某种竞争关系，一些资质既可通过高等专科学校，也可通过应用科学大学获得。这种情形主要出现在健康卫生职业或餐饮与酒店职业。高等专科学校及应用科学大学课程之间的差别在这两种职业中曾经不太显著，目前人们正试图在规则改革后弥补这一缺陷。以护理培训为例：在瑞士德语区，这一培训是通过高等专科学校完成的；而在瑞士法语区，这一学科则是应用科学大学的一门课程。

按职业分类的高等专科学校文凭获得者

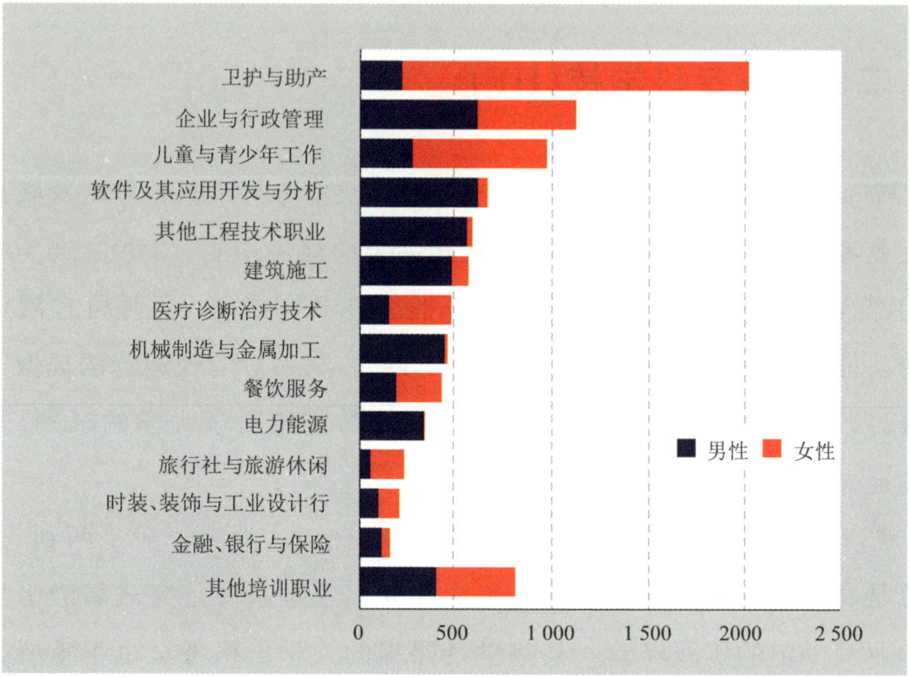

来源：瑞士联邦统计局教育领域指数©Schneider

图 4.6　2018 年按 ISCED 培训专业分类的高等专科学校(HF)毕业生的数据

图 4.6 所示为 2018 年按 ISCED 培训专业分类的高等专科学校(HF)毕业生的数据。

如图 4.6 所示，高等专科学校的学科侧重一些职业领域，例如护理专业，学校一般会同护理机构密切合作，学生可以在那里完成学业的实践部分。理论与实践通常是模块式的，同时也是平行传授的。传统上，高等专科学校的侧重点在企业管理领域、酒店业/餐饮业与旅游业以及工程技术与计算机学科。

此前曾将高等专科学校称为职业教育的一种较新形式，其实这也仅有部分是正确的：早在 19 世纪时已有此类学校的雏形出现，但这些学校大多都发展成为如今的高校——除了大部分在职性质的大师学校或干部学校外。同时，在 19 世纪某时期，已在一些行业出现了学徒车间及专科学校，例如钟表制作学校，在1853年就出现了一所技术专科学校“洛桑专科学校”，最后发展成为世界著名的理工大学，即当今的洛桑联邦理工学院EPFL。1855年在苏黎世作为“最高级工商专科学校”成立的综合工艺专科学校，目前发展成为举世闻名的苏黎世联邦理工学院ETHZ。第一所技师学校于1874年由当时重要的机械行业在温特图尔（Winterthur）成立，随后是比尔（Biel）、伯格多夫（Burgdorf）和弗利堡（Fribourg）的技师学校，这四所学校现在都是应用科学大学体系的一部分。瓦特维尔（Wattwil）的织造学校和苏黎世的丝绸制造学校是为纺织业而创建的，洛桑酒店管理学院（现为瑞士西部应用科学大学的一部分）成立于1893年，旨在为蓬勃发展的酒店业培养后备力量。高等专科学校大多是在私人倡议的基础上创建的，但也有基于政治举措的。瑞士的高等职业教育培训从一开始就是民营与国有部门各利益相关方之间的合作关系，这一合作关系目前仍在主导瑞士的基础与高等职业教育的培训与进修。

三、高等职业教育课程的三个实例

实例A：(高等专科学校)外科技术专家

（高等专科学校）外科技术专家的培养是高等专科学校教育的一个典型实例。（高等专科学校）外科技术专家通常在手术室、门诊外科、外科医生诊所或医疗技术公司工作。外科技术专家通过跨学科合作规划手术室的日常工作，负责无菌物品的专业处理，并负责在手术过程中工具及设备的使用与处理。在做外科手术时，至少需有两名外科技术专家在场，一名负责仪器，另一名负责操作。他们要准确了解外科手术程序并知道每个步骤必须执行的操作。手术过程中，他们要确保严格的卫生消毒以及无菌环境。同时在整个过程中要确保患者的安全和护理。他们能够应对手术过程中不断变化的情况，无论在例行及意外情况发生时均要表现得无懈可击。他们需时刻保持与不同专业外科手术医生的交流，也包括同麻醉师及其他专家的沟通：这是掌握生命脉搏的团队精神。培训教育是为期三年的全日制课程，包括在高等医疗专科学校的教学模块以及在培训医院的实习，专业包括内脏外科、血管外科、妇科、泌尿科、创伤科、骨科与特别外科（心脏、胸腔等）。入学前提是必须成功完成学徒职业教育（如健康卫生职业 EFZ、医疗助理 EFZ 或医疗产品技术职业 EFZ），普通高中与专科中学毕业生则需通过针对该专业的特定能力测验，测验包括注意力集中能力及生理心理承受能力。课程提供者可以承认学生已完成的前期学历并可以缩短其培训课程时间（例如护理专业高等专科学校 HF 文凭持有者的在职课程）。目前此课程可以在阿劳、伯尔尼、圣加仑与苏黎世的四所学校内完成。

实例 B：联邦农艺师职业考试/大师考试

与其他行业一样，农业方面的高等职业教育也分为两个层面，一个层面是获取联邦专业证书的职业考试，另一个层面是获取联邦文凭的大师考试。培训课程是模块式的，即各个模块也可用进修方式分别完成，培训单元均采用在职方式，学生可在培训的同时继续在企业工作。职业考试层面的培训，一方面传授企业经营的基本技能，另一方面也可传授如有机农业、畜牧业、果蔬种植与葡萄种植等专门领域的相关知识技能。可获得联邦文凭的农艺师大师考试的目的是使毕业者具备管理一家农庄的所有能力：分析、计划、农庄的创办及经营管理。考试通过者应能够对经济、社会、政治、技术及生态方面的变化及相互影响，以及农业生产方面的需求作出快速而动态的反应。参加联邦职业考试准备课程的先决条件是农艺师联邦中职教育文凭 EFZ 或同等学历，以及至少两年在农庄工作的实践经验。大师考试以联邦职业考试为基础，该培训准备也是在职性质，由州立农庄主培训学校提供，例如三年期的冬季模块，包括如总共 70 天的学校课程，以及一份独立完成的农庄商业计划书或一项农业方面的项目。培训可在 20 所一般为州立或跨州的农业学校完成，部分学校有自己的专门专业，学生可根据学科专业在不同的学校参加不同的模块课程学习。

实例C：持证审计师文凭

持证审计师有资格获得在该职业从业的许可。审计师业务领域不断经历变革更新：数字化商务模式不断产生，实时数字化主宰着越来越多的领域，全球化经济体系在生成，行业相互融合。审计师审查并验证根据财务标准制定的年度与公司财务报告，执行特殊审计，并在尽职调查领域提供服务。他们提供咨询，做税务代理并以评估专家及专门领域专家身份参与各项涉及企业经济事务及企业估值的活动。他们承担着金融保障的责任，取得投资者、客户、供应商、员工及公众的信任，并可以向账目查阅者保证，会按照法规及财务报表标准来描述企业的状况。可以确保审计报告接收者放心，因为审计及财务体系及财务报表的评估是由公正的专业认证审计师来完成的。对投资者及其他利益相关人而言，审计报告是决策的重要前提。为保护债权人及其他利益相关人，根据股权法指定的审计事务所在出现危及企业运营的情形时反映报告并采取行动，以确保在企业管理层不作为时可采取必要的措施。

该职业需要综合多种技能。扎实的专业知识、对行业及企业的深入了解以及与职业相关的技能，如沟通交流、会话与谈判技能以及项目管理技能，这些技能需要相互结合。持证审计师按照公共利益独立行事。审慎的态度是从事本行业的基本素质。必须严格遵守法律保密规定。必须在适用法律的框架内尽所知所信来谨慎地完成委托的任务。获得报考联邦持证审计师资格的条件是需要有高校学士、硕士或博士学历，此前已经读过的课程可得以承认。完成了特殊专业如会计师或财务控制进修课程的相应职业教育培训毕业者，及其他如在国外完成的培训方向经过“书面(sur dossier)”考试的结业者也可以获得报考资格。在专家课程中，将传授国民经济学、法律与数学/统计学方法(税法、风险分析与概率计算、检测结果展示)等内容。专家考试分为六个模块式考试及一个文凭考试。

（二）应用科学大学

瑞士的应用科学大学是20世纪90年代通过对当时的高等专科学校改建合并后创建的：由五十多所高等专科学校合并为七所公立、地区性的应用科学大学。除了这七所公立应用科学大学之外，还有一所私立应用科学大学，提供一些特殊专业的教学。

表4.2所列为2019—2020年瑞士应用科学大学（学士阶段）入学人数按专业、性别及国籍分布的数据。从表4.2可以看出，2019—2020年约有80 000人在瑞士应用科学大学攻读学士课程，其中47.3%为女生，约每5名学生中就有1名是外国国籍。

表4.2　2019—2020年瑞士应用科学大学（学士阶段）入学人数按专业、性别及国籍分布的数据

	入学人数	学生人数		
	总　计	总　计	女生/%	外国学生/%
建筑、土木工程与城市规划	1 091	4 320	29.9	19.6
工程技术与信息技术	3 642	14 177	11.9	15.6
化工与生命科学	724	2 918	46.8	17.0
农林业	147	511	39.1	6.7
经济与服务业	6 311	28 881	44.1	18.0
设计	740	3 116	62.7	28.1
体育	36	185	28.6	4.9
音乐、戏剧与艺术	1 008	6 785	54.8	50.5
应用语言学	124	475	82.3	12.6
社会工作	1 718	7 642	73.1	10.8
应用心理学	406	2 073	74.9	9.3
健康卫生	2 255	8 738	83.0	14.3
总　计	18 202	79 821	47.3	19.3

来源：瑞士联邦统计局-瑞士高校信息系统学生毕业生统计

如表4.2中所列，学生人数最多的学科为经济与服务业、工程技术与信息技术及健康卫生行业。所有应用科学大学都提供经济管理/服务性行业、工程技术/计算机技术、社会工作、建筑/土木工程/地球空间信息科学以及城市规划课程。一些学科专业是某些应用科学大学的专项特长：如只有一所音乐学院及生命科学学院（瑞士西北应用科学与艺术大学）、一所农学院及一所体育学院（伯尔尼应用科学与艺术大学）以及各两所应用语言学学院（翻译学院）与应用心理学学院。

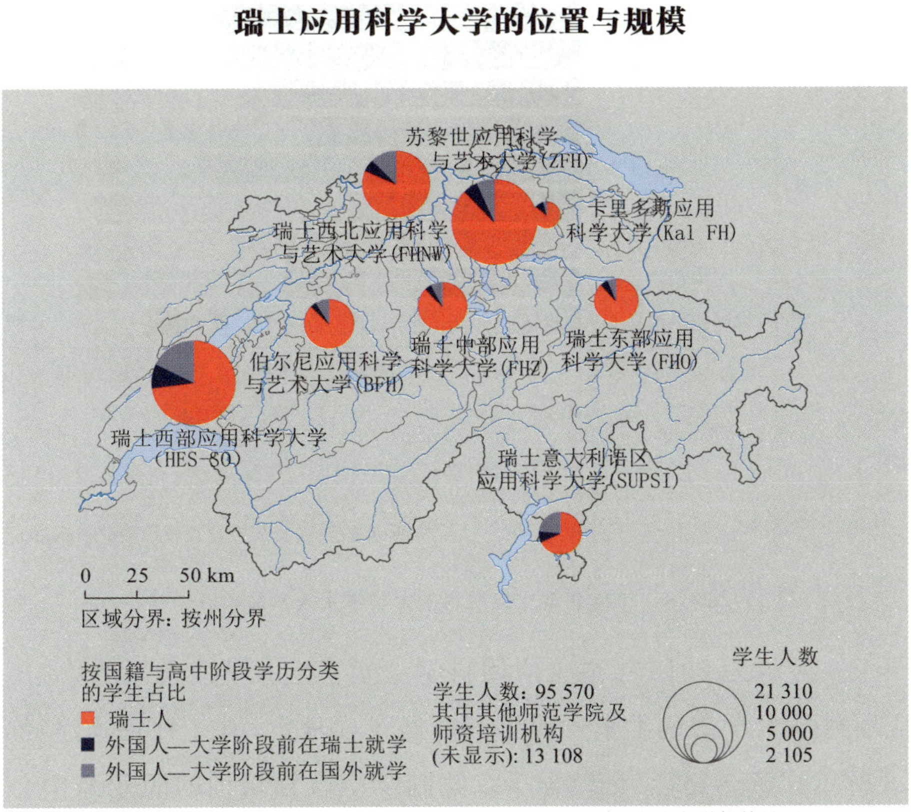

来源：瑞士联邦统计局©Schneider

图 4.7　2016 年瑞士应用科学大学的位置与规模

图 4.7 所示为 2016 年瑞士应用科学大学的位置与规模。

如图 4.7 所示，七所应用科学大学规模不同。最大的是瑞士法语区的瑞士西部应用科学大学，总共有约 20 000 名学生，其次是苏黎世应用科学与艺术大学和瑞士西北应用科学与艺术大学。自成立以来，应用科学大学不断扩展，现有 14 个不同的专业领域。三所应用科学大学提供当地的师资教育培训，主管州不再设立单独的师范学院。

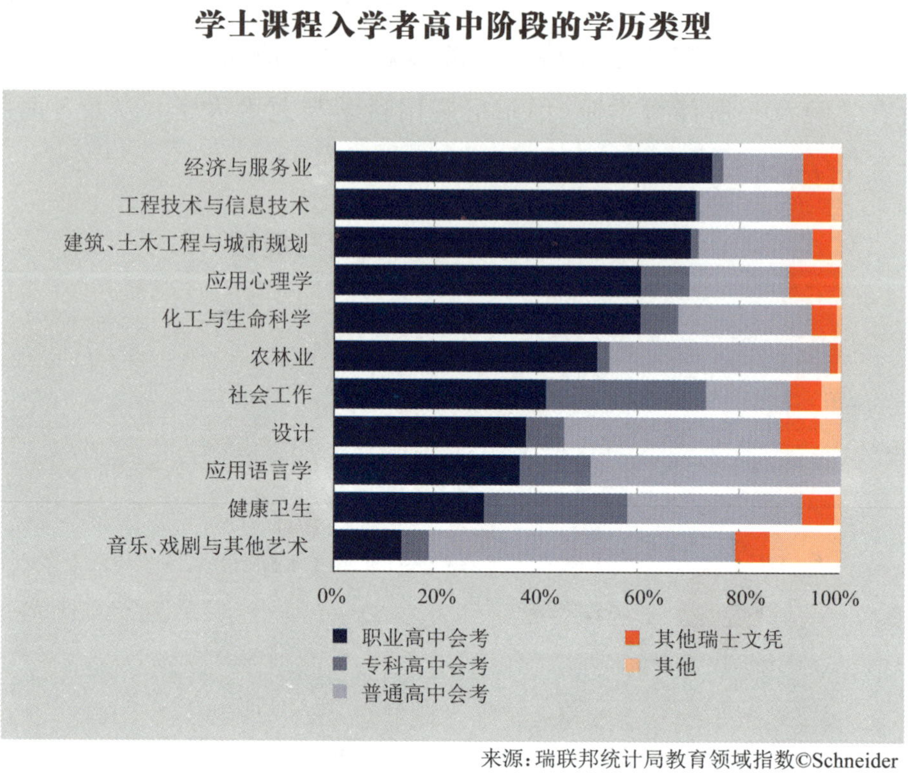

图 4.8　2016 年瑞士应用科学大学学生入学前学历

图 4.8 所示为 2016 年瑞士应用科学大学学生入学前学历的数据。

应用科学大学的学生来自哪里？根据各项规定，有三种正式途径：如图 4.8 所示，“黄金路径”是结合了双轨制学徒教育培训的职业高中会考。此外，还有一部分已完成普通高中会考的年轻人在提供一年“在相关行业”（如商科或技术行业）实习的证明后可进入应用科学大学。

进入应用科学大学的第三种路径是通过与大学学业（例如社会工作专业或健康卫生专业）相关的专科高中会考。然而还有其他的路径可以满足入学条件，例如完成第三门行业领域的学徒教育培训，再加上与该职业领域相关的实习，或是与后续学业相关的高等职业教育。有相应学历及实践经验的外国学生也可被录取。一些学科需要通过相应的入学测试，而另一些学科中，如生命科学、应用语言学以及高级健康卫生，普通高中毕业生占比会很高。由此可见，学生的教育背景非常不同，而应用科学大学的典型学生是完成了职业高中会考的职业教育毕业者。在2018年出版的《瑞士教育报告》中认为这种高校形式的相混合并不对传统大学构成任何威胁。

通过应用科学大学接受面向职业的高等教育，并获得学士或硕士学位是替代传统大学学位或高等职业教育学历越来越具有吸引力的一个选择。应用科学大学不仅成为一个重要的选项，而且是连接纯学术教育与纯职业教育培训之间的重要桥梁，并确保了教育体系的联通性。可以说，正是由于应用科学大学的存在，瑞士方式的双轨制职业教育培训才可能长期存在下去。与其他邻国不同，瑞士的传统大学与应用科学大学两种形式之间差别的淡化还没有那么严重，而且希望今后也不会加剧：应用科学大学——无论是培养重点，还是教学方法与师资资质方面——都不是像某些人鼓吹的那样“小型化”或“低质量”的大学，而是能够（继续）保持其优势：

① 典型的应用科学大学学生通常是在结束学徒教育培训后再完成学士课程毕业，以此取得进一步开发自己职业生涯的资历。越来越多的学生在完成学业的同时继续在职工作，以完善理论与实践之间的转化并可支付自己的学费。这也是因为应用科学大学在设置课程时考虑到了在职学生的需求。毕业生可能以后会选修一门进修课程或是接受高等职业教育阶段的另外一个学科的课程培训，抑或在两三年后再去攻读硕士，也可以在应用科学大学学士毕业多年后去另一所高校完成硕士学业。只有在音乐/戏剧/艺术以及体育与应用心理学领域里，超过半数的应用科学大学学士会去读硕士，应用科学大学的其他学科只有5%到约20%学生的目标是硕士毕业。

② 应用科学大学课程面向应用的特性不仅体现在学生来源上，而且体现在其教授与讲师的履历上。典型的应用科学大学教师在大学毕业及博士毕业后会有一段在工业企业界的工作经历，多年后再回到高校，从事

教学、科研及咨询工作。他们通过科研及咨询工作继续与实践保持密切接触，而不会出现重回学术象牙塔的危险。

③ 课程以项目为导向，学生完成“真题实做的项目”，讲师及学生与相关的企业定期保持联系接触。

④ 面向实践的特性也对毕业生的适销对路性产生影响：无论是起始薪资还是毕业后到开始第一份工作前的等待期方面，应用科学大学毕业生相对于传统大学学生都更具优势。应用科学大学毕业生不需要像很多传统大学毕业生一样要从长时间的低薪实习工作开始其规划的职业生涯。

获得应用科学大学学士学位的毕业生拥有在就业市场上极具竞争力的文凭，既可以比较轻松地直接进入职业生涯，他们也可以毫无阻碍地继续学院式教育。应用科学大学也可以为学士毕业生提供硕士课程教育。而应用科学大学硕士课程的进一步推广目前还难以预测，因为这一课程模式还在发展过程中。根据《瑞士教育报告》，2013 年学士毕业生毕业两年后选修过硕士课程者平均占 17%，即不到五分之一的学士毕业生完成了硕士学业。如果将学士毕业超过两年后再就读硕士课程者考虑在内，则应用科学大学硕士毕业生约占学士毕业生的 20%。虽然硕士课程选修人数较低，但此类课程对应用科学大学而言还是很有意义的：能够参与硕士课程对学生与讲师而言都很重要。只有在硕士阶段，学生才可能加强科研工作，这对塑造学校的科研形象很有必要。同时，硕士课程也有助于更好地促进学校的国际化：由于在学士阶段很多外国学生无法满足瑞士特有的入学标准，而在硕士阶段，很多来自国际合作高校的硕士生已有工作经验，从而能够很好地满足入学条件。

应用科学大学/师范学院学业完成率

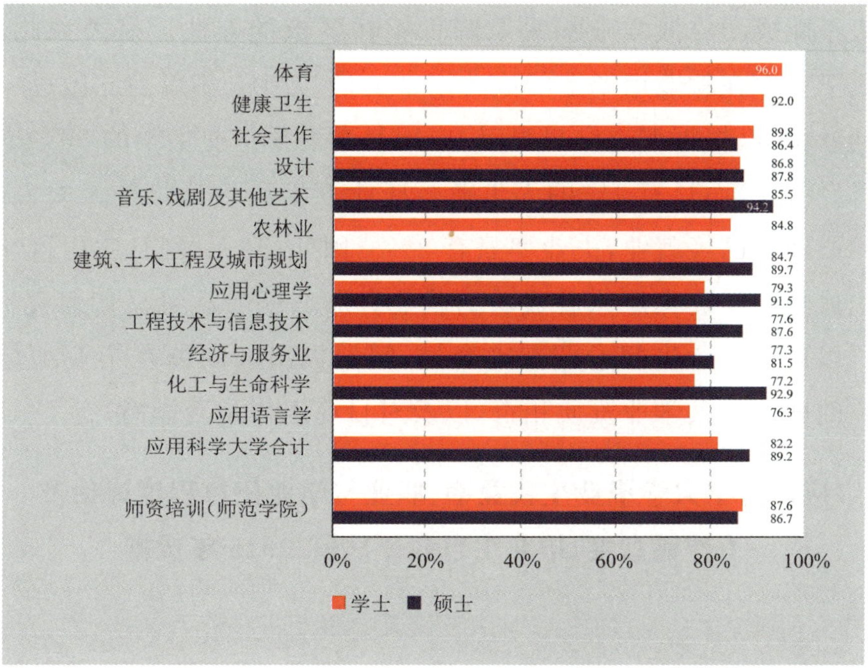

来源:瑞士联邦统计局©Schneider

图 4.9 按学位及专业统计的瑞士 2006 年学士课程学生入学与 2009 年硕士课程学生入学总人数占比

图 4.9 所示为按学位及专业统计的瑞士 2006 年学士课程学生与 2009 年硕士课程学生入学总人数占比情况。

职业教育培训的绩效标准是毕业生的资质,即其满足能力框架要求的能力。完成学业的第一个指标可通过学业完成率来衡量,即能成功结束学业毕业的学生比例。瑞士联邦统计局从各应用科学大学(包括师范学院)得到了 2016 年的数据(见图 4.9)。

如图 4.9 所示,应用科学大学学生的学业完成率较高,最多的辍学者出现在经济管理、化学/生命科学及工程技术/计算机技术领域。同时也可注意到,硕士生辍学率一般低于学士学生。原因一方面应该是上述三个领域内课程难度一般超过课程的平均难度,而成功完成学士学业后,通过该阶段的选拔，无法顺利毕业的可能性减小了。

学业的成功并不能保证毕业生就具备成功的就业资质，高校可能顾及较多人不能成功完成学业而采取降低整体要求的办法。是否如此，还需要通过毕业生在就业市场上的成功率来衡量。2015 年曾为此做过一次毕业生问卷调查，根据调查结果显示，应用科学大学毕业生中的 90％毕业一年后已经就业，而只有 4％的人失业。毕业五年后该趋势并无太大改变，93％的毕业生已经就业，失业率只有 2％。因此，毫无疑问，应用科学大学毕业生成功的学业也意味着成功的就业。那么就业质量又如何呢？这一点也可以通过毕业生问卷调查来衡量，问卷提出的问题是毕业生是否认为目前的就业与其学业资质相符，以及对目前工作是否满意。

应用科学大学毕业生就业率、职业与学业相符程度评估及工作满意度，毕业生自我评估值，2015 年数据

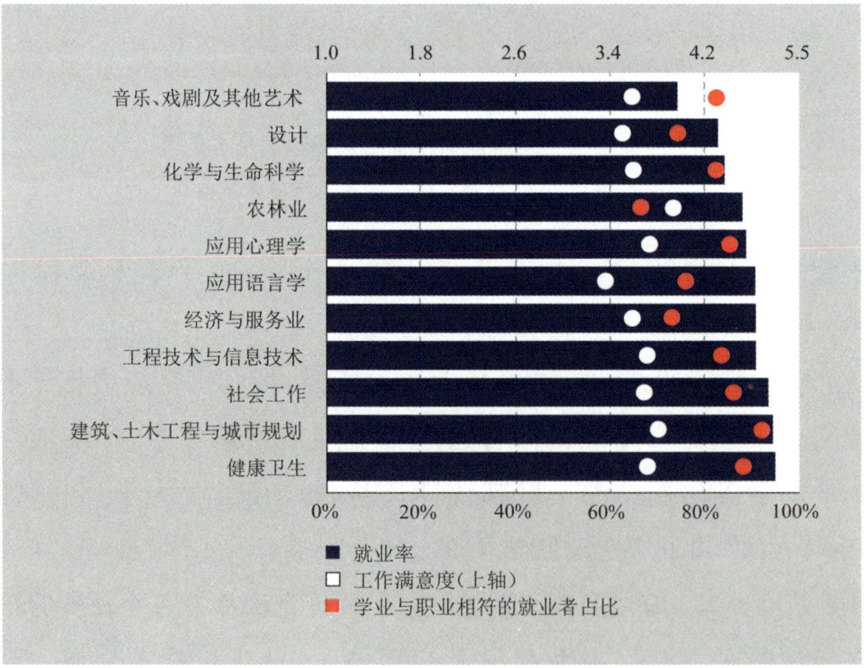

来源：瑞士联邦统计局©Schneider

图 4.10　2015 年瑞士应用科学大学毕业生就业率、职业与学业相符程度评估及工作满意度，毕业生自我评估值的数据

应用科学大学毕业一年后的就业情况

图4.10所示为2015年瑞士应用科学大学毕业生就业率、职业与学业相符程度评估及工作满意度,毕业生自我评估值的数据。

如图4.10所示,只是在音乐/戏剧及其他艺术领域就业率明显低于平均,在其他领域毕业生的就业率都较高甚至很高。绝大多数毕业生对工作的满意程度以及对学业相符程度的评估一般也都很高,然而不同学科之间也有明显差距。我们认为,这一评估结果,如《瑞士教育报告》中所述,与培训质量指标如课程中的就业市场定位相关,而且还存在更复杂的相互关系。一般来讲,可以确认,职业教育的最终目标,即为教育培训毕业生创造可持续的就业机会,并为企业界与社会提供高资质后备专业人才,这在瑞士可以通过高等职业教育培训和应用科学大学得到保障。

结　论

瑞士科学与创新委员会在其《瑞士教育报告》中就教育体系高教阶段提出综合性建议,其中包括:

① 系统内各要素之间的差异"能够在国际大趋势影响下得以保持,因为每个要素都是系统整体任务与特性的一部分,并对经济、文化、社会与创新带来积极的影响。"

② 重新定义教育服务内容,明确界定各类课程及学历之间的相互关系,减少摩擦损耗,并提高整个系统的互补性。不要把高等职业教育办成(小型化的)应用科学大学,也不要把应用科学大学办成小型化或低质量的传统大学。

③ 通过加强各部分之间的竞争来促进系统的可塑性。竞争促进了质量的提高及系统各部分的竞争力,从而提高了整个系统的质量。在保持各类竞争性的同时也需通过明确的过渡规则来确保并促进系统内的连通性以及系统各部分的基本等价平等性,否则将无法避免潜在的"学院化"

发生。

这些综合建议需加以肯定。总之,大多数专家都同意,必须避免应用科学大学学术化对系统整体的成功产生负面影响。该系统成功的核心是确保系统内的连通性,因为在完成强制义务教育学年后,只有这种连通性才能保证进入系统的等价平等性。得益于瑞士良好的公立义务教育体系,每个年轻人都有可能进入开放的高级中学及高等教育系统学习。教育体系的连通性可以保证学生能够根据个人的成熟度、动机及天赋来选取适合自己的职业教育或学院式教育,而且不受家长财务能力限制以及顾虑10年或15年后最终选择带来的影响。对十五六岁的青少年而言,生活的道路尚不明朗,教育体系对有意进一步深造者未来做出决定的开放性对体系的整体成功至关重要。只要通过各类有吸引力的替代选择来确保体系的连通性及竞争性,那么就可以保持拥有独特吸引力的基础及高等职业教育的瑞士教育体系的这一愿景。

如果我们基本上同意科学与创新委员会的大多数建议,那么可以得出结论,职业教育的核心目标必须是使毕业者能够找到工作,亦即就业能力。瑞士的职业教育体系,尤其是该体系的高等教育阶段通过其内部连通性的承诺以及得到多次证明的各类“麻雀变凤凰”的故事无疑有助于达到这一目标。高等职业教育的各类多样性模式确保了基础职业教育的吸引力。这也就是为什么瑞士教育体系没有退化为只有精英学校的精英单行道的秘密。精英学校内所有人都在追求一个单一的职业生涯,而并不考虑各自是否具备相应的能力。就业市场的稳健性、企业界的创新能力以及面向应用的方式将创新转换为新技术新工艺的强大能力,很大程度上都取决于这一职业教育体系。具有最佳连通性、其各个教育路径各有其竞争特性的高等教育阶段是这个系统“拼图”的必要“拼片”,它使得踏入职业岗位者从任何一个想要开始的地方都可以进入该系统。一旦进入该系统,就会发现系统内尽各自所能所愿变壮变强的无穷可能性。双轨制体系始于中世纪出行求学的学徒生涯,当今的双轨制体系则意味着“永久教育”、终身学习。应用科学大学的建立与高等职业教育及职业进修培训的改革为这个（几乎）独一无二体系的未来生存能力奠定了重要的基础。在全球化的世界中，更容易理解面向实践、面向应用的教育培训的优势，即去理解它而不是看轻它，也不是刻意寻找体系中的小错误并试图加以纠正，这才是至关重要的。同时要确保双轨制职业教育体系能够肩负未来，并且明确这种教育体系的价值绝不输于任何其他体系。

第五章 瑞士职业教育体系的持续发展——来自国家及国际视角的观察

作者：埃里克·斯瓦尔斯（Erik Swars）

(一)瑞士联邦职业教育培训学院(SFIVET)的职责

多年来,瑞士在教育、科研与创新领域赢得了卓越的声誉。瑞士的竞争力及创新能力、卓越的科研能力、高等教育质量以及职业教育与培训的最新国际排名进一步证明了这一点。根据世界经济论坛 WEF 的全球竞争力报告,瑞士一直在全球创新指数(GII)排名中名列前茅,并且是最具竞争力的经济体之一。同样,瑞士科学论文的引用率也是全球最高的。年轻人迅速进入就业市场的比例是瑞士高质量教育培训的第三个成功实例。在瑞士,这一比例远高于其他任何经合组织成员国。瑞士希望进一步巩固并加强其作为教育、科研与创新中心的领先地位。

瑞士经济繁荣与稳定的原因之一,毫无疑问,得益于前几章已详细介绍过的职业教育体系。而确保持续繁荣与稳定、迎接所面临的挑战并不断开发职教系统至关重要,必须要考虑全瑞及全球的社会趋势,所有利益相关者的需求,尤其是劳动力市场的需求。

作为瑞士职教政策的智库,瑞士联邦职业教育与培训学院(Eidgenössisches Hochschulinstitut für Berufsbildung, EHB,或英文 Swiss Federal Institute for Vocational Education and Training, SFIVET)在职业教育相关事务中发挥着核心作用。学院隶属瑞士联邦,是瑞士国家职业教育继续发展的技能中心——也是瑞士同类机构中唯一拥有这一地位的学院。学院的战略目标由联邦委员会制定,与其他六所联邦所属的瑞士联邦理工学院及研究所联合体一样,学院是联邦经济事务、教育与科研部的一部分,在三个语言地区(洛桑、卢加诺、措利科芬)设有校区,为所有与职业教育相关事宜及相关专业知识咨询提供全国性解决方案,以确保职业教育系统的持续发展。

学院在联邦政府的授权下工作,拥有 240 多名员工,在以下领域提供服务:

① 职业教育专业人员的基础培训，

② 职业教育专业人员的进修培训，

③ 职业教育领域的研发，

④ 开发新职业，

⑤ 国际合作。

学院有26个由联邦教育、科研与创新国务秘书处认可的培训课程，面向不同参与者提供范围广泛的服务。基础培训部每年在三个分校区培训1 700多名职业学校教师、各企业培训师及跨企业课程讲师。

此外，学院还为高中阶段的职业学校及高等教育阶段职业学院的教师提供培训，包括教授职业课程的教师以及负责通识教育课程及语言、沟通与社会(LCS)课程的教师。此外，在行业协会培训中心(跨企业课程)工作的其他职业教育专职人员也由本学院培训。

2007年秋季启动的职业教育理学硕士学位课程为大学毕业生提供了获得职业教育领域学历的机会。学院提供的职业教育理学学士课程采用课堂教学、在线学习与指导性自学相结合的方式，让学生可以更灵活地安排学习计划。同时，该学士学位课程还特别针对职业教育的数字化转型问题，提供包括劳动/社会/个人、数字学习环境、交流沟通及教学方法等在内的基础教学内容。这种基于实证、实用、跨学科、多语言的课程在国际教育界都是独一无二的。

进修教育司提供继续教育培训课程，旨在提高职业教育从业人员的技能，帮助职业教育组织开展活动，为职业教育管理人员提供管理培训，并在瑞士职业教育体系中促进质量的提高和创新。此外，学院还负责培训瑞士所有学徒毕业考试的考官。

瑞士职业教育体系根据研究结果实施战略性管理。瑞士联邦职业教育与培训学院拥有自己的研发部门，专门从事与基础职业教育以及高等职业教育相关的研究。教学与研发都是学院必不可少的核心能力。通过研究瑞士教育体系与瑞士就业市场之间的相关性，学院为瑞士职业教育领域的分析、优化及持续发展做出了重大贡献。研发部门根据其研究议程中列出的战略目标选择研究领域。

例如，瑞士联邦教育、科研与创新国务秘书处委托学院职业教育观察站就基础职业教育对培训的成本与收益进行了第四次成本收益调研。调研结果显示，培训学徒对于整个企业来说都是物有所值的。在2016—2017培训年度中，瑞士企业在培训学徒期间，从一名学徒身上获得的扣除成本后的收益（净收益）超过3 000法郎。尽管这些结果是针对瑞士整个职业教育体系的，但对于其他国家来说，这样的研究对于说服企业界相信双轨制职业教育的优势也很有意义。

瑞士联邦职业教育与培训学院拥有自己的新职业开发中心，为行业组织在制定与实施职业专业教育课程时提供方法论及教学法方面的支持。其服务包括：职业分析与发展，描述从事特定职业所需技能，建立职业教育课程的目标、架构、期限及考试程序。

瑞士联邦职业教育与培训学院通过其国际部门为联邦职业教育国际合作战略的实施做出重大贡献，从而也有助于加强瑞士自身的双轨制职业教育计划。学院与来自企业界与科研界的国内外合作伙伴保持着密切联系。无论是接待外国代表团、参加国际项目、提供国际培训计划还是在会议上做专家演讲，瑞士都经常被要求在国际上分享其知识经验。

为举例说明在国家及国际层面上职业教育系统的发展，我们选择了两个主题：师资培训与国际合作。

（二）瑞士职业教育的教师及培训师教育

一、职业教育教师及培训师教育的主要方向

要了解职业教育领域师资培训的职能，重点是要聚焦于战略与政策层面以及联邦所扮演的重要角色。瑞士联邦议会所颁布的《职业教育法》规

定了职业教育师资的要求。相关的《职业教育培训条例》在学术及专业要求方面以及在教师与培训师必须接受的培训类型方面都提出了明确的要求。

根据这项全国性法规，联邦经济事务、教育与科研部下属的联邦教育、科研与创新国务秘书处负责与科研、创新及职业教育相关的全瑞及国际事务的战略管理，并负责定义职业教育师资（即职业学校教师与公司内或行业课程培训师）培训的主要方向及核心课程。

职业教育的总体结构和主要方向可以归纳为以下五点：

其一，针对培训背景及传授专业的不同类型，制定差异化的培训计划。这种差异化使得师资培训可以高度适应专业领域从业的培训师与教师的各类特定需求。从这个角度看，联邦不仅通过其立法促进了适用于针对专业领域的教学法，而且对其内部进行了进一步的分化。

其二，师资培训课程应开发其相关能力，以便教师们能够在课堂上充分阐明理论与实践、工作与学习之间的关系，并将专业特长与职业教学技能相结合。通过这样做，可以充分考虑到体现职业教育领域特征的不同教学场所之间的结构性相互联系，并以此作为教师与培训师教育发展的精确教学目标。

其三，累加型的培训模式，并与工作实践（在职）并行进行，这与其他教育类型的师资通常根据职前模型参加培训的情况不同。这一原则可提高职业教育师资学员整合他们向学生传授理论与实践相结合的能力。从本质上讲，职业教育师资学员本身也像他们的学生一样在经历学术/理论培训与工作场所体验之间交替的模式。此外，经过累加型培训模式培训的职业教育师资学员，通过在各专业领域中积累的各种经验之后成为教师，将他们的能力转化到教学上在学校传授，并帮助完成学徒招聘过程。除了成为教师的可能性，瑞士联邦也鼓励将兼职教学工作与在职工作相结合，这一导向也具体影响了对受训师资的要求，即这些教师必须在职业学校就职，同时还要拥有在教学领域外至少有六个月的实际工作经验。这里介绍的在职与累加型模式是与专业发展模式相对应的，该模式并不是受线性的教学专业知识模式启发，而更多的是受到一种多维模型的启发，这类多维模型认为教学专业知识是动态的，是在以往经验、培训，在实践中应用及相关反思之间的持续相互作用下产生的，是对此前的习惯与知识的重新思考。

其四，以目标、相关主要内容及标准进行列表的形式开发制定的各种教师/培训师类型的核心教学大纲。职业标准将培训目标与内容转化为具体要求，成为“职业日常实例”。这一定义是与“接地气”假设概念相一致的，这一概念将职业标准看作为一组知识，而这些知识的获得需符合强调动手能力的质量标准并暗示了绩效水平。这一教学假设很好地说明了课程大纲的预设内容必须转化为行动技能。

其五，职业教育师资人才的培训在瑞士是由高等教育机构，如师范学院、应用科学大学与大学完成的。而职业教育师资人才的培训课程都是由联邦教育、科研与创新国务秘书处认可并监督的。瑞士联邦职业教育与培训学院在培训课程中担任了重要角色。

职业教育师资教育的高校与大学的定位与瑞士其他类型的教师（幼儿园、小学、初中及非职教类文理高中）的定位一致。此外，职业教育师资培训的高等教育定位也符合国际趋势。根据这一趋势，在《波洛尼亚宣言》之后三十年的统一协调教育制度的过程中，师资教育被“大学化”了。

在瑞士，以前由于各州在教育及师资培训领域拥有充分的自主权，使得瑞士的师资教育形式多种多样。20 世纪 90 年代末，瑞士开始了将师资培训统筹安排到师范学院高等教育层级的过程。需要指出的是，瑞士的师资教育培训史可追溯到 19 世纪，当时各个州都有自己的教师培训机构（Lehrerseminar/écoles normales/scuole magistrali）。此外，自 19 世纪末以来，职业学校的师资教育一直由联邦直接负责，并一直延续到 1972 年。这一年，联邦成立了瑞士职业教育师范学院（Schweizerischen Institut für Berufspädagogik，SIBP）。此后，该机构于 2007 年成为瑞士联邦职业教育与培训学院。

二、核心课程大纲及主要内容

根据不同职业教育师资人才培训的核心课程大纲，由国务秘书处决定课程内容、培训时间以及需开发的标准。就内容而言，根据《职业教育培训条例》的规定，职业教育师资培训课程包括以下七个方面：

① 职业教育的体系及环境：职业教育体系、法律基础、职业生涯规划咨询服务；

② 学生：年轻人及成年人的企业、学校及社会与工作相关的社交能力；

③ 教与学：学习活动的计划、执行与评估，为学生提供支持帮助，评估与挑选学生；

④ 理论与实践，以及实践与理论的结合及转化；

⑤ 了解教师/培训师的职能，保持专业及学术上的联系，建立学生自身的不断培训计划；

⑥ 与学生互动，与其法律监护人、政府官员、学徒企业、职业学校及其他学习场所合作；

⑦ 与道德、性别平等、健康、文化多样性、可持续性、职业安全等有关的一般学科。

国务秘书处定义了 10 种不同的课程作为核心课程大纲，每门课程都对应职业教育培训环境中不同类型的教师/培训师。表 5.1 汇总了瑞士职业教育领域不同类型的教师/培训师、学习要求、课程时长。

表 5.1 突出表明，为培训不同行业职业教育师资人才设定的课程内容不仅涉及一般的教学方法（如计划及开展学习活动），而且涉及与职业培训体系及其特殊性相关的内容（如职教学习场所、学徒与工作相关的社交能力等），从而可促进职业教育师资领域特定技能的发展。

表 5.1　瑞士职业教育领域不同类型的教师/培训师学习要求、课程时长

教师/培训师类型	要　求	时　长
基础职业教育 专业学科教师，全职	- 相应领域专业教育培训学位、大学(学士/硕士)文凭或学位 - 六个月行业工作经验 - 在职业学校就职>50%工作时间	1 800 小时培训
基础职业教育 专业学科教师，兼职	- 相应领域专业教育培训学位、大学(学士/硕士)文凭或学位 - 六个月行业工作经验 - 在职业学校就职<50%工作时间	300 小时培训
高等教育院校 专业学科教师，全职	- 相应领域高等职业教育文凭或大学(学士/硕士)文凭或学位 - 六个月行业工作经验 - 在职业学校就职>50%工作时间	1 800 小时培训
高等教育院校专业学科教师，兼职	- 相应领域高等职业教育文凭或大学(学士/硕士)文凭或学位 - 六个月行业工作经验 - 在职业学校就职<50%工作时间	300 小时培训
基础职业教育 普通文化课学科教师	- 普通文化课领域义务学校教师资格文凭或大学(学士/硕士)文凭或学位 - 六个月行业工作经验 - 在职业学校就职 - 不区分是否全职或兼职	1 800 小时培训
联邦职业高中会考 学科教师	- 符合国务秘书处推荐的大学学位 - 六个月行业工作经验 - 在提供职业高中会考课程的职业学校任职 - 不区分是否全职或兼职 - 如已有高中教师资格文凭，只需 300 小时培训	300 或 1 800 小时培训

续表 5.1

教师/培训师类型	要　求	时　长
基础职业教育体育老师	- 相应领域大学学位 - 六个月工作经验 - 在职业学校就职 - 如已有义务教育学校体育教师资格文凭，只需300 小时培训	300 或 1 800 小时培训
行业课程培训师，全职	- 相应领域专业教育培训学位、大学（学士/硕士）文凭或学位 - 相应领域两年工作经验 - 在培训中心就职＞50％ 工作时间	600 小时培训
行业课程培训师，兼职	- 相应领域专业教育培训（PET）学位、大学（学士/硕士）文凭或学位 - 相应领域两年工作经验 - 在培训中心就职＜50％工作时间	300 小时培训
职业教育企业培训师	- 职业教育文凭 - 相关领域两年工作经验	40 或 100 小时培训

我们可以注意到对教学要求和参加师资培训课程的要求包括职业经验、学校任教，以及所有行业领域任教的教师的全职和兼职间的区别。此外，一般文化课与职业高中会考准备课程的教师则没有全职与兼职就职的区别，因为通常他们除了教授这些学科外并没有其他企业兼职。此外，对专业科目授课的教师而言，专业文凭及大学学位都会受到重视。

三、瑞士联邦职业教育培训学院教师及培训师教学方法

在这一框架内，下述各段文字将概述瑞士联邦职业教育与培训学院为培训职业教育领域的教师及培训师开发的教学方法。下面阐述的内容是自 2017 年以来在全瑞层面课程修订过程的结果。这一项目的目的是

修订并更新2007年制定的教师及培训师培训课程。需要指出的是，联邦职业教育与培训学院开发的课程是基于上节描述的由联邦教育、科研及创新国务秘书处提供的核心课程大纲（包括目标、内容及标准），也代表了该大纲在运营中的调整。因此，课程内容相互之间根据上表5.1中描述的不同课程类型是有区别的，并按照每个不同类型相应地构建组织。学院培训课程修订以一个被称作基于情境方式的综合性视角为基础，其中包括学院开发的不同类别的教师及培训师能力要求，并根据“职业教育教师及培训师教育的主要方向”一节中描述的原则对主要的教学方法导向做了详细阐述。下面将详细描述这些基础原则。

1. 联邦职业教育培训学院基于情境的教学方式

学院对职业教育师资的培训遵循基于情境方法的逻辑，这是职业教育中综合方法论、教育学及教学法的一种理念。这一理念是基于学院在完成联邦赋予任务的长期经验的结果。任务内容是：学院与行业及其协会一起在课程的定义和实施方面进行合作，对职业教育教师、指导师及考官进行培训，并从事职业教育研究。这一独特的任务授权使学院可以通过构思、实施与评估职业教育培训的所有步骤而制定出一种连贯而全面的方法。而工作情境是这一方法的中心，被看作是分析、培训、评价与评估职业教育有意义的基本单元。这一方法在国际合作项目中也被采用，其严格性和连贯性有助于将工作情境以及培训、实践和理论相结合。这一方法的第一步是根据工作情境定义能力要求，这将在下一节中介绍。

2. 基于情境的能力要求

能力要求作为发展培训课程基础的关联性是学者们的广泛共识。了解典型的专业工作情境以及成功掌控工作情境所需的各种资源（在知识、技巧及态度方面），不仅可加深对专业领域的详尽了解，而且作为结果，还有助于设计适合该行业所需的培训课程。从制定以职业教育师资为对象的培训课程的角度来看也是如此。此外，如上所述，由联邦教育、科研与创新国务秘书处给出的内容、相关标准及目标是一般意义上的，也就是说，与教师和培训师的有效实践方面并不相关。

因此，学院针对各类教师及培训师制定的能力要求旨在查验日常专业工作情境，并在此基础上定义其能力要求。这样，可以在具体的专业化框架下来将教育、科研及创新国务秘书处提供的专业标准进行情境化处理。学院制定教师及培训师能力要求的工作始于 2014 年(探索阶段)，并于 2018 年结束。由此，职业教育课程专业学科教师、高等院校专业学科教师、一般文化学科教师、职业高中会考补习课教师及行业课程培训师等各类能力要求正式融入教学内容。

对于所提到的每种教师与培训师类型，学院都组织了研讨会(平均有十名教师参加)，专门用于收集和描述典型与常见的专业工作情境，以及对收集到的通过专业工作情境分组而得到的能力范围进行识别。此外，还举办了一个旨在了解未来教学趋势的研讨班，以使能力要求适应未来教学的挑战。用于定义能力要求的总体方法论基本上可归属于 CoRe(核心能力)模型。

这一发展过程使下述成为可能：

① 一个由所有教师及培训师类型共享的包含 50 种典型专业情境的列表。

② 50 种专业情境的描述。对情境既做了活动方面(教师及培训师资此情境下做什么)的分析，也对该情境中采取有效行动所需的资源方面(知识、技巧、态度)做出分析。

③ 一份有 11 种不同的共享能力的列表，以及每种不同的教学概况(如普通文化课教师与职业高中会考补习教师之间的区别)特点及情境的汇总表。

图 5.1 描述了这一过程。

瑞士职业教育体系培训课程的开发

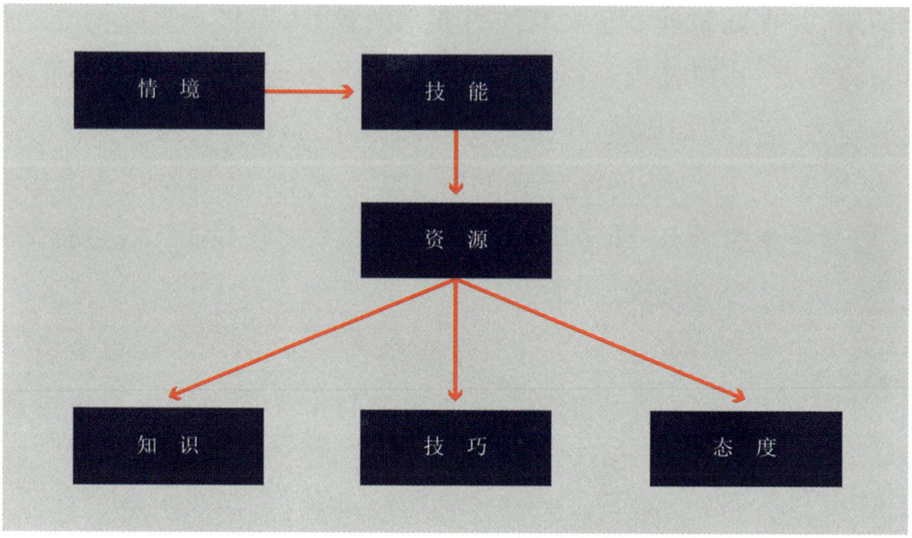

来源：瑞士联邦职业教育与培训学院©Swars

图 5.1　瑞士职业教育体系培训课程的开发

图 5.1 所示为瑞士职业教育体系培训课程的开发情况。

1. 知　识

知识通常可用肯定的句子来表述，这种类型的知识称为陈述性知识。例如，学生必须了解技术术语，理解其含义并确定它们之间的关系。然而，这种类型的知识并不限于事实内容，陈述性知识甚至对于工作与学习技巧也是必不可少的：学生将获得有关可能的方法与可能的工作流程的知识。但这还不够，他们还需要知道什么时候在什么情况下应该使用特定的工作或学习技巧，这种技巧将会带来有益的效果。这种在正确方向上引导行动的专业知识称为条件性知识。学生们在学习环境中通过自己的努力所获得的各种资源知识（专业知识、学习习惯、个人学习策略）称为元知识。

2. 技　巧

学生必须能够在相应情况下运用他们的知识，为此，他们需要技能，即行为知识，这是学习和工作形式的培训目标。他们应该能够实时实现这些目标。

3. 态　度

态度会深刻影响人们的行为。这个意义上的实例包括下列认知：责任感、同情心、对不同意见的宽容以及对环境的兴趣。

由此产生的11种能力如表5.2所列。这些能力可以按以下结构进行组织：显示与主要核心教学能力（1～4；6～7）的关联，包括与信息及通信技术的融合，相关的沟通及协作能力（5、9），以及认同及自身相关能力（8、11）。如此定义的能力要求代表了课程发展的基础，是发展这些能力的一种手段。

表5.2　瑞士职业教育体系培训课程培养的能力类型

1	计划与设计教与学活动	7	评估学员的学习效果
2	准备教与学活动	8	评估教学活动
3	在课堂上开展教与学活动	9	在职业教育体系中合作
4	将新技术融入教与学	10	组织并执行行政管理任务
5	管理与学员的关系	11	履行职责及职业认同
6	支持与指导学员		

在详细阐述了职业教育教师与培训师基于情境的能力要求之后，作为师资培训课程制定基础的第二个支柱与学院职业教育师资培训的主要方向有关，可以概括为以下八点：

① 以实践与能力为导向的培训；

② 整合教育学内容知识与基于情境的知识；

③ 强化在职培训模式的潜力；

④ 基于情境的教学指导方式；

⑤ 以反思为导向的培训；

⑥ 个性化的培训；

⑦ 加强师资培训的认同成分；

⑧ 适应职业教育培训的变化与发展。

职业教育领域教师及培训师的能力要求与基础导向相结合，是学院针对不同职业教育领域的教师及培训师培训课程的发展基础。受情境教学法启发而制定的教学课程，同时也将教学实践与培训结合起来。

（三）国际合作

瑞士在职业教育方面的国际合作收获了来自两个层面的益处：一个层面是帮助改善教育系统（或其中的某些要素）并加强其他国家的就业市场导向；另一个层面，也会有新的思想反馈到瑞士。瑞士职业教育体系虽然品质卓越，但仍需不断适应新的挑战。

负责制定包括国际合作在内的各个层级政策的联邦各部门互补合作实现各项目标：

教育、科研与创新国务秘书处（教育政策）、联邦政治事务局（外交政策）、经济事务国务秘书处（外交经济政策）、瑞士发展与合作署（发展政策）、移民事务国家秘书处（外国移民政策）。

根据瑞士联邦委员会的战略目标，学院为上述联邦机构，特别是联邦教育、科研与创新国务秘书处提供支持，并在职业教育的国际合作中发挥了核心作用。举例来说，学院获得了联邦授权以协调外国代表团的考察访问。学院发展并实施了此类接待计划，并依据其专业知识经验以及广泛的联络网，可以使来访者对瑞士的高中阶段职业教育以及高等专业教育的系统有清晰的了解。

自 2014 年以来，学院已接待了来自世界各地的 200 多个代表团。来访者还可从学院分布在瑞士的三个语言地区的校区中受益，因为接待方不仅可以用德语，而且可以根据需要用法语、意大利语或英语来做介绍。

2019 年的重点活动是接待印尼副总统卡拉·弗拉基夫(对学院)以及由联邦教育、科研与创新国务秘书处组织的中国教育部部长陈宝生先生的到访。

瑞士联邦职业教育与培训学院拥有广泛的国际网络,与 60 多个国家有合作关系及协定,并且是联合国教科文组织国际职业技术教育与培训中心 UNESCO - UNEVOC 网络的成员。此外,学院在 2018 年为国际参与者创建了瑞士国际职业教育学院计划。

瑞士国际职业教育学院计划的目标是支持全球技能,尤其是职业教育中双轨制元素的开发。目标受众是专家、职业教育专业人士、政府与非政府职业教育机构的代表以及企业。瑞士国际职业教育学院提供课程的特色是能力培养与实施导向。可以体验“瑞士职业教育”模式,将其具体化,并作为起点来思考如何使关键要素能适应于当地及其文化背景。学院基于情境的教学法可以作为参考,以实现有效、严格、简单且可在全球范围内实施的教学方式和方法。

自 2018 年以来,来自世界各地的 100 多名参与者参加了以下课程:

① 制定以响应劳动力市场能力为导向的课程;

② 在企业培训高素质的职业教育教师和培训师;

③ 建立有效的教学安排,以发展未来员工的技能;

④ 就可持续双轨制技能开发或就高中阶段或高等教育层面的(技术)职教系统提供咨询;

⑤ 在职业教育领域进行相关研究与评估;

⑥ 在(互动)职业教育中采用功能性的思维方式。

在学院与中国教育国际交流协会(CEAIE)的合作协议框架下,每年在瑞士为中国的职业学院院校长进行数个为期两周的职教学院课程培训。该课程包括讲座与在利益相关者企业机构进行的实地考察。

此外,国际关系司在不同的合作项目框架内协调了许多派往国外的外派专家的活动。仅学院本身就拥有 20 多位具有国际经验的专家。从学校的项目组合中可以看到学院派出的专家所处的位置。目前,已在以下国家建立或启动了合作项目：新加坡、柬埔寨、印度、保加利亚、塞尔维亚、克罗地亚、斯洛伐克、北马其顿、卢森堡、塞内加尔、加蓬、布基纳法索、秘鲁。

我们以保加利亚和新加坡的合作项目为例，来做更详细的说明。在保加利亚，职业教育体制正在改革，目的是使职业教育与就业市场的需求更好地匹配，以使年轻人具备更好的就业能力。保加利亚的全国青年平均失业率接近 12%，但在一些地区已高达 25%。作为扩大项目影响的一部分内容，瑞士的联邦发展与合作署牵头支持保加利亚建立以瑞士模式及瑞士专业知识经验为基础的双轨制职业教育体系。

在这一背景下，学院支持保加利亚合作伙伴在多米诺项目框架内开发基于双轨制的课程，并以能力为导向对教师、培训师及考官进行培训。该项目于 2015 年开始实施，当时位于索非亚的“乔治·巴甫洛夫博士教授”食品加工技术职业学校及(保加利亚南部)位于卡赞勒克的“伊万·哈吉耶诺夫”职业学校率先采用瑞士模式引入双轨制教育。一年后，又有14 所学校加入了该项目。保加利亚及其国外的 60 多家龙头公司成为了多米诺项目的合作伙伴。在 2019 年年底项目结束时，保加利亚的 19 个城镇内 32 所职业学校的 1 600 名学生接受了 12 种不同职业的“工学结合”模式的双轨制教育。170 多家保加利亚及其国外公司成为多米诺合作伙伴。项目目标是将瑞士专家的技能与专长传授给保加利亚专家，使他们能够独立开发新的职业教育课程，并确保该项目的可持续性。

另一个例子是新加坡。南洋理工学院与瑞士国际职业教育学院于 2018 年签署了合作协议，在新加坡开展职业教育和培训。南洋理工学院由七所学校组成，作为杰出的教学机构在新加坡国内外均享有盛誉。通过与学院(国际关系部)的持续对话联系，已在新加坡举办了数期培训师硕士课程。经过三年的合作，瑞士双轨制职业教育课程的模式已在新加坡产生了重要的影响。在新加坡被称为“OJT 蓝图”。企业工作岗位双轨制形式培训课程现在已纳入了完成每项任务时所需的工作态度必要的考核。这是在新加坡成功实现职业教育的重要一步。对工作态度的认可是职业教育从基于知识授课方式向基于能力授课方式转变的一个关键，这也奠定了改善职业教育相对于高等教育机构地位的基础，而后者目前仍是进入新加坡就业市场的黄金通道。

在许多这些国际项目中，不仅聘用瑞士专家，而且聘用来自其他有双轨制职业教育国家的专家，例如德国或奥地利。为加强协调并更好地利用和交流在这个领域各自的经验与专业知识，瑞士、德国、奥地利及列支敦士登建立了双轨制职业教育资助委员会(DC dVET)。DC dVET 旨在促使双轨制职业教育的利益提升并能更好地为合作伙伴国家服务，同时也提出了在不同背景下实施双轨制职业教育的可能性，并支持成员之间及其与合作伙伴之间的课题交流，在发展合作中为公众认可的双轨制职业教育与培训作出贡献。

瑞士联邦职业教育与培训学院教授知识技能可持续的模式

综上所述，这些合作倡议的焦点是合作伙伴关系以及教育培训专业知识的“传输”。该术语代表一种认识，即教育系统不是可以轻松出口的工业技术，而是合作国家希望实现的一个目标。而实现这一点需要因地制宜。如果没有当地支持机构如教育部、行业协会或龙头企业的产业集群等的参与，将职业教育相关要素传输到一个既有的教育体系会是不可持续的——这也是联邦职教学院及瑞士与其他国家/地区其他组织的经验。因此，合作活动始终应以在相应国家/地区的能力建设为中心，即培养“双轨制教育专家”及“能力增强者”。

学院在其所有业务活动中始终强调，职业教育系统必须要满足很高的要求。为了发展适用于就业市场的课程，学院开创了以基于情境的方式为基础的、以能力为导向的方法，而基于情境的方式已在前面以“服务于教师及培训师课程开发为例”一节中描述过。实际上，该方法已被用于制定与修订瑞士 230 种职业的课程，并被学院在国际范围内成功地采用和应用。

民营企业的参与至关重要。学院遵循自下而上的原则：在每个合作伙伴国家或地区，都根据既定标准选择两三个职业领域。根据学院提供的尽可能适用于当地情况的方法，与企业人员密切合作并组织几次研讨会。首先年轻的专业人员描述他们在日常工作中必须处理的专业情况。接着还将考虑该行业的未来趋势。根据这些结果，将确定该职业的资历需求并为学校和企业制定一套适用于当地条件的双轨制培训课程。下一步是培训职业学校的教师、培训师及考官。然后在其他职业领域中逐步重复此过程，以便在几年后，在相关各部门的支持下，职教体系可牢固地植入该国的教育环境。

预计在未来几年内，整体或部分传授瑞士职业教育知识经验的需求将会增加。瑞士已为此做好了准备：在战略层面上，瑞士已经制定了基本文件并奠定了业务基础。瑞士联邦职业教育与培训学院是一家高等教育机构，具有将教育培训专业知识经验传授给其他国家的经验，并了解与此相关的特殊挑战。同过去一样，学院将循序渐进，将其活动限制在严格可行的范围内。相关负责人员知道，教育培训专门知识经验的传授转移是基于伙伴关系，而非家长式的行动。这也要求合作国家知道什么是可行的。像双轨制职业教育这样的复杂体系要花很多年才能成长并感受到其影响。同时，从长远角度看，毫无疑问，职业教育有助于经济取得成功并有助于降低青年的失业率。

数据来源介绍

本书中,作为图表基础的统计数据来自瑞士、欧盟以及各国际组织的官方数据。为节省篇幅,此处不再列举详细的资料索引。

以下列举了提供数据资料的机构与组织:

① 瑞士联邦统计局(Bundesamt für Statistik, BFS, 瑞士),包括其教育领域指数(Bildungsindi kator)、毕业生调查(Absolventenbefragung)、纵向分析调查(Längsschnittbefragung);

② 瑞士劳动力调查(Schweizerische Arbeitskräfteerhebung, SAKE);

③ 瑞士教育、科研与创新国务秘书处(Staatssekretariat für Bildung, Forschung Innovation, SBFI, 瑞士);

④ 欧洲创新记分牌(EU Innovation Scoreboard, 欧盟);

⑤ 欧洲统计局(Eurostat, 欧盟);

⑥ 世界经济论坛(World Economic Forum, WEF, 瑞士);

⑦ 洛桑国际管理发展学院(International Management Development Institute Lausanne, IMD, 瑞士);

⑧ 瑞士联邦职业教育培训学院(Das Eidgenössische Hochschulinstitut für Berufsbildung, EHB, 瑞士);

⑨ 欧洲工商管理学院(Institut Européen d'Administration des Affaires, INSEAD, 法国);

⑩ 德国经济研究所(Institut der deutschen Wirtschaft, IdW, 德国);

⑪ 苏黎世理工大学经济发展趋势研究所(Konjunkturforschungsstelle der ETH Zürich, KOF-ETH-Z, 瑞士);

⑫ 世界职业技能大赛(World Skills);

⑬ 世界银行（World Bank）；

⑭ 世界知识产权组织（World Intellectual Property Organization，WIPO）；

⑮ 瑞士教育研究协调中心（Schweizerische Koordinationsstelle für Bildungsforschung，SKBF）发布的《瑞士教育报告》（*Bildungsbericht Schweiz*）；

⑯ 此外，本书也采纳了麦肯锡（McKinsey）、瑞士跨国企业联合会（Swissholdings）以及《瑞士信贷经济研究》（*Credit Suisse Economic Research*）等提供的调查研究数据。

本书各章作者愿意同感兴趣的读者分享资料来源细节。这些统计数据资料的大部分会由数据提供机构逐年更新。

出版者后记一

尊敬的读者：

中国是世界上最大的国民经济体。“世界工厂”已成过去，经历了数十年惊人的飞速发展后，中国正在重新定位，将更具创新性与可持续性。根据目前的五年计划，中国将于2030年进入“创新型国家前列”，2050年成为“世界科技创新强国”。越来越多的中国企业成为全球经济参与者，其自身的创新能力也在不断增强。

中国目前已是瑞士来自亚洲的最重要的贸易伙伴，全球则排第三位。瑞士有850万人口，不到中国人口的1%，面积42 000平方公里，中国的领土面积是其232倍。然而，瑞士却不断在各项全球创新排名中名列前茅，2019年瑞士已连续九年在《全球创新指数》上排名第一。

这一成功的支柱是将企业学徒培训教育同公立职业学校课程相结合的双轨制职业教育体系。只有通过有实践智能及其高质量工作能力的职业人才来实现创新，知识与创新本身才能发挥作用。没有参与过企业生产过程的人无法系统地了解职业教育的重要意义。

本书希望能够进一步加强瑞士与中国之间经济与教育政策领域的交流对话。瑞士作为首批西方国家之一于1950年就同中国建立了外交关系。2014年中瑞自贸协议生效，2016年两国建立起创新领域的战略合作伙伴关系，中瑞最高层级定期互访，由此奠定了两国可相互受益、合作发展及共同进步的基础。

中国目前也开始将教育政策侧重于面向实践与应用的方向上，并计划进一步加强职业院校的建设，例如为这些强调实际技能的院校增招一百万名学生。此外，中国还计划将数千所普通高校参照瑞士应用科学大学的形式改建成面向应用的大学。瑞士职业教育的成功模式无疑有助于开辟思路并提供有用和重要的信息。

瑞士西北应用科学与艺术大学经济管理学院及瑞士联邦职业教育培训学院是与瑞士职业教育体系相关问题权威性的合作交流伙伴。作为本书的出版者，两所机构愿意为感兴趣的中国读者提供咨询服务。

此外，瑞士西北应用科学与艺术大学，尤其是其经济管理学院，已有25年的同中国交往的历史，并与不同省份的著名机构与学府保持密切联系。学院的使命是为网络化及有活力的世界培养创新的、负责任的管理人员。学院意识到，只有通过与中国的密切合作才能迎接全球性挑战。

然而还需强调的是：瑞士双轨制职业教育体系的优势与强项是不可能一比一照搬复制的。瑞士职业教育体系国际化的实践表明，只有认真地考虑到各国的文化差别及本国的国情后，该体系的知识及经验才能在国际上得到成功借鉴与实施。

在此，我谨代表出版者向三位作者表示由衷的感谢，他们详尽介绍了瑞士职业教育体系及其优势和强项。同时感谢担任项目组长的约格·翁巴赫（Jörg Wombacher）成功组织安排了本书的翻译出版工作。我们感谢担任全书文字翻译及校对工作的蒋于凡与赵英博，以及担任全书设计装帧工作的黛尼斯·玛雅德（Denise Maillard）（以上四人均在瑞士西北应用科学与艺术大学经济管理学院任职）与负责全部图表制作的布劳尔工作室（Atelier Bläur）的乔尔·凯瑟尔（Joel Kaiser）。没有他们的努力，本书的中文版将无法与中国读者见面。最后，出版方感谢印刷先生公司（Mr. Print）的乌尔斯·巴德尔（Urs Bader）为本书提供的技术支持以及印刷工作。

我期待能进一步增进与尊敬的读者之间的对话。

鲁迪·努奇（Ruedi Nützi）
瑞士西北应用科学与艺术大学经济管理学院院长
中国政府"友谊奖"获得者

出版者后记二

在各位读者掩卷之时，我谨衷心感谢大家对瑞士职业教育体系的关注，也希望各位通过阅读能够更进一步地了解该系统。

新技术、新趋势及就业市场新需求对教育体系——尤其是职业教育体系——产生了影响。教育系统也需要不断自我完善，以适应未来的发展。

瑞中关系的发展符合时代需求，且是一个长期持续的过程。中国在职业教育改革的框架下有很多创新倡议，其目的就是保证职业教育的质量，并进一步加强教育界与企业界的合作。在瑞士，“职业教育 2030”是由联邦、各州及行业组织作为合作伙伴共同发起的一个倡议，其目的是尽早地对数字化、海外学生交流、技能提高及全球化等大趋势做出反应。自 2018 年年底以来在此项目框架下已启动了 30 多个项目。

在这些重要发展过程中，瑞士可与中国相互学习。在此背景下，瑞士联邦职业教育与培训学院近些年来同中国教育国际交流协会合作，为来自中国的团组安排了专门的职业教育培训课程，重点是介绍瑞士职业教育的核心要素、教师的教学培训以及相互之间的经验交流。学院还是中瑞部长级联合教育政策工作组的成员，也非常重视这些交流的机会。

瑞士联邦职业教育与培训学院愿意同瑞士西北应用科学与艺术大学一起，就本书涉及的内容及其他相应问题提供咨询与帮助。我也衷心感谢三位作者，并向瑞士西北应用科学与艺术大学的翻译出版项目管理表示感谢，同时也感谢我院露西亚·普罗布斯特(Lucia Probst)女士所做的协调工作。

芭芭拉·方塔内拉(Barbara Fontanellaz)

瑞士联邦职业教育与培训学院院长

作者简介

鲁道夫·H·施特拉姆

鲁道夫·H·施特拉姆(Rudolf H. Strahm)于1943年出生在瑞士的埃门塔尔(Emmental)。在完成实验室技术员的学徒后,他进入一所工程学校学习化学,毕业后在巴塞尔的化学公司工作了五年,然后进入伯尔尼大学学习工商管理与经济学。施特拉姆活跃在各种协会,包括担任瑞士继续教育协会主席。从1991年至2004年,他担任瑞士联邦国民院(联邦议会)议员,并于2004年至2008年担任瑞士联邦物价监督办公室负责人。2011年,他被伯尔尼大学授予荣誉博士学位。施特拉姆出版了很多关于经济问题的书籍,并在伯尔尼和弗利堡大学担任讲师。他在其最著名的著作之一《为什么我们如此富裕》中解释了瑞士如何在世界市场上保持自己的地位。

尤格·施耐德

尤格·施耐德(Jürg Schneider)是瑞士西北应用科学与艺术大学教授,曾在四大洲不同的高校担任客座教授,也是瑞士和非洲很多职业培训机构的创始人和常务董事。他担任过瑞士一家媒体教育学院的主任,以及一家有400多名学徒的大型机械公司培训部门的副主管。他出版了多部专业书籍和教科书。施耐德教授非常熟悉瑞士和国际专业及管理培训,担任过多期来自中国的管理培训班的项目负责人。

埃里克·斯瓦尔斯

埃里克·斯瓦尔斯(Erik Swars)是瑞士联邦职业教育培训学院(EHB/SFIVET)国际事务部门的主管,该学院是瑞士中等职业教育以及国际技术职业教育及培训中心的专家组织。斯瓦尔斯在学术教育、职业教育和培训方面拥有20多年的经验。他拥有图宾根大学的经济学学位、洛桑大学的工商管理硕士学位和瑞士高级公共管理学院的体育管理证书。